巴里の空の下オムレツのにおいは流れる

レシピ版

『巴里の自炊』

石井好子

私は3年間パリで自炊していた。

底の薄いおなべでどうしたらごはんがうまく炊けるか等と人にきかれたら大得意でその秘伝を語ることはできる。

そろそろお米が煮えてくるころ、割りばしで底からぐるぐるっとお米をかきまわしてしまうとこげつかない。

おかまで炊く時はごはんがふいたら火を落とすというけれど3、4人分小さいおなべで炊くときは、ふいたらフタをとって2、3分煮る。そして後で火をうんと落として10分から15分そのままにしておくとおいしいごはんが炊けるようだ。

同じころ、パリでやはり自炊していたオペラ歌手の砂原美智子さんと「歌はうまくならないけどごはんをたくのは上達したわね」と、よく顔をみあわせて苦笑したものだ。パリに来る日本の旅行者は皆日本食をたべたがる。

それでつい「お茶漬でもどうぞ」ということになるのだけれど、わさびもないところでお刺身をつくり、かつおぶしのないところでおすましをつくるのはずい分むつかしい。だからお刺身をいただくときは、からし、それもお酢の入っていないイギリスの粉からしをつかう。

おすましはなるべく貝類の身にして、だしの出るようにしたり、古いとろろこんぶがあったので、それをひとつまみ入れてみたりした。しめさばもときどきつくってみたけれど中骨を毛ぬきで、たんねんに抜いていると、お魚のくさみが手についてしまっていくらごしごし洗ってもなかなか臭いがきえないから困った。

フランスでは、男性が中年の婦人に、その手をとって手の甲に接吻をするから、そんなときお魚の臭いがぷんとしたらどうしようと気になって、それ以来しめさばのお料理はなるべくしないことにきめた。

なにしろ材料のかぎられた所で日本料理らしきものをつくるのはむつかしいけれど、日本らしい食事ができたということだけでみなさんによろこんでいただけたのは幸いだった。フランス人が遊びに来てもレストランへさそうより、やはり家の手料理で呼んだほうがよろこばれる。それで私のよくつくったものは、前菜にシャンピニオンの白ソースあえ、アントレにはプラードという鳥の煮たのを出した。

★シャンピニオンの前菜

これはまず5人前としてシャンピニオン300g位、シャンピニオンがなかったら、しいたけでも好いと思う。

これをしばらく塩水につけ、細く切る。おなべに入れたら水をひたひたになるまで入れて、そこへレモン1コのしぼり汁を入れて4、5分煮る。

フライパンにバタをたっぷり入れ、メリケン粉をいためつけ、それを牛乳で少しずつのばして塩、コショウで味をつけ、白いソースをつくる。その白いソースにシャンピニオンのゆでたのをまぜ、別にトーストにバタをぬっておき、その上に、シャンピニオンの白いソースあえをぬりつけて出す。

巴里の空の下
オムレツのにおいは
流れる
★石井 好子

★プラード

これはトリのゆでただけのものだけれど、見た目が豪華なのとトリの丸焼きと違って若いひなどりでなくても、おじいちゃんやおばあちゃんドリでもおいしくたべられるから安上がりだと思う。

先ずトリ1羽、大きいほうが立派でよいけれど内容としては別にトウの立ったかたいトリでもかまわない。

前日のごはんの残りと野菜をいため、トリのおしりからつめて入口の所を糸でぬいあわせる。大なべにトリそれから人参、長ねぎを入れる。

人参は5、6本、ねぎは7、8本こまかく切らず大きい形のままがよい。そしてたっぷりの水の中にトリの固形スープを入れて、2時間以上とろ火で煮る。最後に塩、コショウで味をつけ、はじめにスープだけ出す。

次に大皿にトリと野菜を盛りあわせテーブルで各自の皿にとりわけて食す。

塩、コショウで味がついているから、そのままでおいしくいただけるけれど、好みによりフレンチドレッシングをかけても、さっぱりして好い。トリのお腹の中につまっているごはんもやわらかいおじやのように煮えているし、あたたかく栄養もあり冬から春先にかけては、このプラードは人々によろこばれるお料理だと思う。

『暮しの手帖』29号より抜粋　1955年5月

昭和38年の発売以来、多くの人に愛されているロングセラー『巴里の下オムレツのにおいは流れる』は、当時パリに暮らしていたシャンソン歌手の石井好子さんの何気ない生活のひとコマを綴ったエッセイだ。この『巴里の自炊』は、その前身となった暮しの手帖に寄せられた一文。こおばしいバタ（バター）のにおいが漂ってきそうな石井さんの文章は、1950年～70年代、かつて、海外旅行は遠い夢だった時代にパリの街角で繰り広げられる日常の空気を、食べものを通して教えてくれた。

　時代は変わって現在、海外は身近なものとなり、連日、飛行機は海を越えて人々を運ぶ。外国食材の輸入も簡単になり、世界各国の料理が日本にいながらも食べられるようになった。だけれども、どれも本格的なものばかりで、石井さんの本に出てくるようなその土地のにおいがする家庭料理にはなかなか出会えない。エッセイに織り交ぜて入ってくる、どこか懐かしい料理の数々に、本を読みながらメモをとった人も多くいたことだろう。

　本書は『巴里の下オムレツのにおいは流れる』の世界を、現在の石井好子さんの語りと料理のレシピで再現した一冊である。誰もが好きな味、ずっと変わらない味は、42年経っても色あせない、ベーシックな洋食の味。

　みなさんもぜひ、本書を片手にお試しあれ。

「夕食にしましょうか」

マダムがドアから顔をだした。

夕暮れどき、中庭に向ったアパートの窓には灯がともって、お皿のふれあう音や、こどものカン高い声が、私の部屋までつたわってきた。いまから十年前、パリに着いたばかりの私は、マダム・カメンスキーという白系ロシアの未亡人のアパートに部屋を借りていた。昼間は街を歩いてみたり、フランス語のお稽古にいったりしても、夕方になるとアパートの一室でしょざいなくぼんやりしていた。そんなとき、洋服のままベッドにねころんで、中庭から伝わってくるざわめきをきいていたのだ。

この粗末なアパートは、セーヌ河の左岸で、エッフェル塔に近かった。かれこれ十四、五世帯が住んでいたろうか。その大部分は亡命ロシア人だった。四階に住む人は夕暮れになるとギターをひいて低い声でロシアの歌をうたった。

ベッドから飛び下りて台所に入ってゆくと、マダムは上っぱりを着てボールのなかの卵をかきまぜていた。お料理をするとき、マダムはかならず木綿の事務員が着るような上っぱりを着た。油はどこへはねかえるか分らないのだからエプロンなんか無意味だ、というのである。その木綿の上っぱりは、いつも台所の片すみにかけてあった。

目次

レシピについて

味のバランスには個人差があります。自分好みに味を確かめながら料理していただくため、適量や少々といった表記を多くしています。また、バタはバター、メリケン粉は薄力粉になります。

バタ分量にある卵の表記について

当時フランスでは、分量のことを卵に例えていたことから、本書でもバタの表記のみ、卵の大きさに例えています（卵　半分、1／4コなど）。

paris un, deux, trois....

大正会のクリスマスパーティーで帝国ホテルの犬丸一郎さんと。このときに出したオムレツの模擬店が大繁盛。翌日はフライパンを持っていた左手が痛かったのを覚えています。

卵料理

plats d'oeufs

オムレツ・ド・ナチュール

omelette nature

そとがわは、こげ目のつかない程度に焼けていて、
中はやわらかくまだ湯気のたっているオムレツ。
「おいしいな」、私はしみじみとオムレツが好きだとおもい、
オムレツって何ておいしいものだろうとおもった。

——『巴里の空の下オムレツのにおいは流れる』本文より引用

卵料理

オムレツ・ド・ナチュール

私の料理の原点は、パリに着いたばかりのころに住んでいたアパートの家主、マダム・カメンスキーがつくってくれたバタたっぷりのオムレツ・ド・ナチュール。できあがったあつあつのオムレツには、ケチャップもソースも、おしょう油もよけいな味つけはまったく必要なし。当時、そのおいしさに感動したことは今でも忘れられません。

ここではプレーンなオムレツ・ド・ナチュールのほかにフランス風のオムレツ3種類をご紹介します。オムレツは、コツさえつかめれば決してむつかしいものではありません。

メモ

フランスではオムレツのバリエーションも豊富です。オムレツ・ド・ナチュールに少しアレンジを加えるだけで、さまざまな種類のオムレツがかんたんにつくれるので挑戦してみてください。

オムレツ・オ・フィンゼルブ

フランスの家庭では、オムレツにハーブを入れます。緑色のハーブは香りづけにもなり、卵をかき混ぜるときに一緒に入れると彩りも鮮やかに。パセリやわけぎなどを細かく切って入れるとよいでしょう。

オムレツ・オ・フロマージュ

ピザ用のカットチーズをさらに細かくカットしたものを、卵をかき混ぜるときに入れます。冷蔵庫に残っているカマンベールやゴーダチーズでつくる場合は、グラタン皿にのせてオーブントースターでチーズがとろけるまで焼き、それをオムレツ・ド・ナチュールの上にのせて一緒にいただいてもいいでしょう。

オムレツ・オ・パルマンティエ

じゃがいもをゆでてそぎ切りにしたものを、卵をかき混ぜるときに一緒に入れて焼きます。じゃがいものほくほくとした食感にとろりとした卵がからまる重量感のある一皿。パルマンティエとは、じゃがいもをフランスに初めて持ち込んだ人の名前。フランスのじゃがいも料理には、よくこの名前がついています。

材料

卵　4コ。塩・コショウ　少々。サラダ油　少々。バタ　卵半分。
（2人前）

つくり方

① 卵をボウルに割り入れ、塩、コショウを加えて、たてに切るようにかき混ぜます。

② フライパンをよく熱し、サラダ油を入れ、熱くなったらバタを加えます。

③ バタが溶けたら、フライパンの中に卵を流し入れます。このとき、火かげんは強めに。

④ 卵はすぐかき混ぜること。フォーク（または菜箸）で手早く中央に向けて、前後左右に混ぜ、やわらかい卵のヒダをつくります。

⑤ 生卵の色がなくなって黄色の半熟になったところで片面をくるりと返して、火を消し、余熱でもう一度ひっくり返して反面を焼いて形をととのえます。

⑥ 卵の継ぎ目を下にしてもりつけましょう。

スパニッシュオムレツ

パリにゆく前に留学していたアメリカでたべたオムレツの中でおいしかったのはスパニッシュオムレツでした。ただ、これはプレーンオムレツの上にハム、トマト、玉ねぎ、ピーマンを煮込んだソースがかかっているものだったので、本式のスペイン風のものではなかったようです。何もかけないでたべると、素材そのものの素朴な味を楽しんでいただけますが、お好みでケチャップをかけてもおいしくいただけます。

材料

卵　4コ。玉ねぎ　大1コ。じゃがいも　2コ。塩・コショウ　少々。サラダ油　適量。（4人前）

つくり方

① 玉ねぎとじゃがいもをサイコロ状に切り、170℃の油で2～3回に分けて揚げます。きつね色になったらざるにとって塩、コショウをふっておきましょう。

② 卵を割りほぐし、塩、コショウを加え、①を入れてよく混ぜます。

③ フライパンに油大さじ1を入れてよく熱したら、強火のまま②を注ぎ入れます。入れ終わったらすぐにフォーク（または菜箸）で手早く混ぜてください。

④ 全体の色が変わってきたら弱火にします。下面にほどよい焼き色をつけたらフライ返しで底にすき間を入れてフライパンより大きめの皿でふたをし、さっとひっくり返してオムレツを皿にのせます。

⑤ 空になったフライパンに油大さじ1を入れ、よく熱したら、オムレツを皿からずらしながらフライパンに戻し入れ、もう片面を弱火で1～2分焼きます。

エフ・ア・ラ・リュス

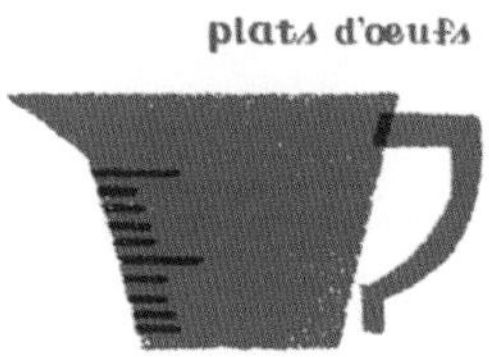

エフ・ア・ラ・リュス（ロシア風たまご）と呼ばれ、フランス人が前菜にたべる卵料理。お料理とはいえないくらい簡単なものです。実はこの名前、ロシアに行くとイタリア風たまごという名前に変わります。あまりにもシンプルなつくり方なのでお互いに自国の料理ではないといい張っているようです（笑）。

材料

卵 2コ。塩 少々。レタス 3、4枚。マヨネーズ 適量。（2人前）

つくり方

① 卵をひたひたの水の中に入れ、少量の塩を加えて中火にかけます。

② ふっとうしたら、さざなみのように湯が揺れている状態に火を調整して約10分ゆでます。ゆでている間は、箸の先でころがすようにすると黄身が真ん中にゆで上がります。

③ ゆで上がったらすぐ水につけましょう。水につけるときにちょっとカラにひびを入れておくときれいにカラがむけます。

④ お皿にレタスの葉をおいて、その上にたて半分に切ったゆで卵を形よくのせ、マヨネーズをかけます。

ヴェベール

Vevaire

グラタン皿の中に、とろっとしたうすいトマト色のクリームがかかっていて、その厚いクリームの下には、2コの卵形をしたものが、こんもり柔らかくもり上がっていた。

「ヴェヴェールの卵、他では食べられないよ」。

もちろん、私はそれを注文した。

——本文より抜粋

卵料理

ヴェベール

plats d'oeufs

パリでたべた卵料理の中で忘れられないのは、ヴェベールという名前のレストランでたべた、その家の名をつけた卵料理です。グラタン皿の中に、とろっとしたうすいトマト色のクリームがかかっていて、その厚いクリームの下には、2コの卵形をしたものがこんもりやわらかくもり上がっていました。少しむつかしいお料理ですが、やけどをしそうに熱く、トロっとしたソースと卵をたべたなら、その感激は口ではいいあらわせません。

メモ

失敗しないホワイトソースのつくり方

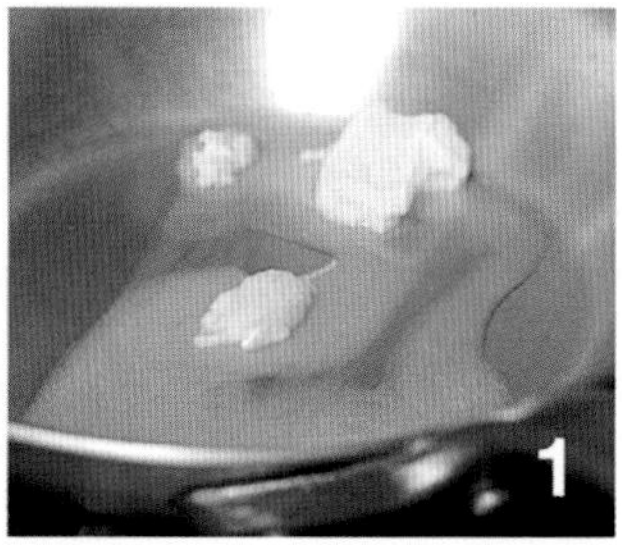

1

卵半分のバタをフライパンに入れ中火に熱し、こがさないように溶かします。

2

泡だて器でバタをゆっくりと溶かしながらフライパンをあたためます。

3

メリケン粉（薄力粉）を30g用意し、少しずつフライパンに入れていきます。

牛乳を2カップ半用意します。少しずつフライパンに足していってください。

4

ドロドロになるまで泡立て器で混ぜます。これで約550g分になります。

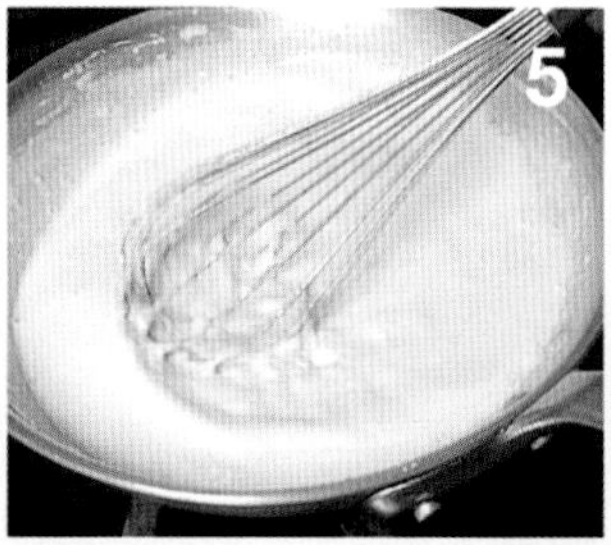

5

お好みで白ワインやコンソメ、塩、コショウを入れると味がしまります。

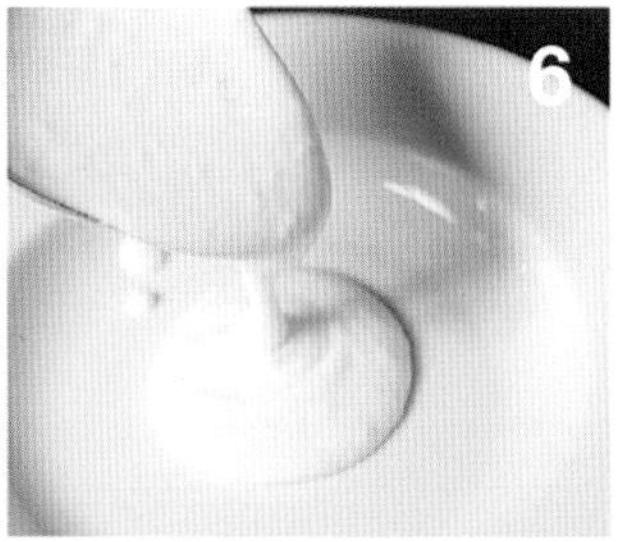

6

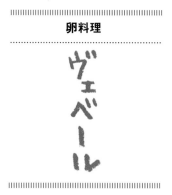

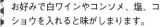

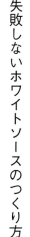

材料

卵（ポーチドエッグ）4コ。ホワイトソース　約200g。トマトピュレー（トマトケチャップでも代用可）10〜15g。バタ　卵半分。粉チーズ　少々。（2人前）

つくり方

① ホワイトソースにトマトピュレーを混ぜ、薄いトマト色のソースをつくっておきます。

② 次にポーチドエッグを用意します。下記のメモを参照してください。

③ ポーチドエッグを、ひとり2コずつバタを敷いたグラタン皿にのせ、上から温めたソースをかけます。

④ ③に粉チーズをふりかけて、オーブントースターでまわりがぐつぐつ熱くなるまで焼いてください。フランスパンと一緒に召し上がれ。

メモ

ポーチドエッグのつくり方

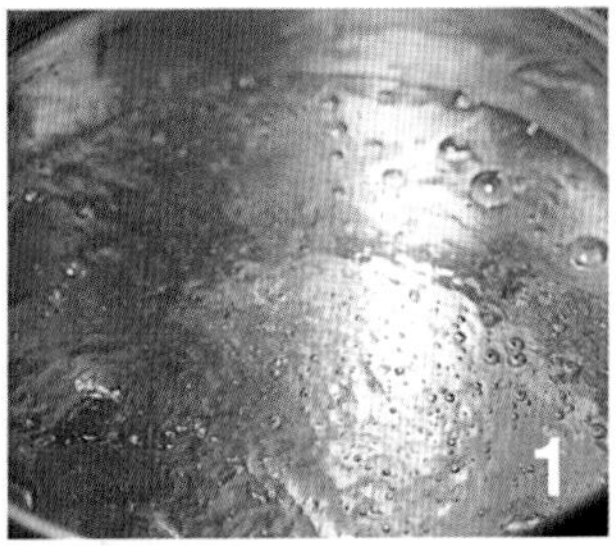

なべにたっぷりの水をふっとうさせます。小さじ一杯の酢を入れるのがコツ。

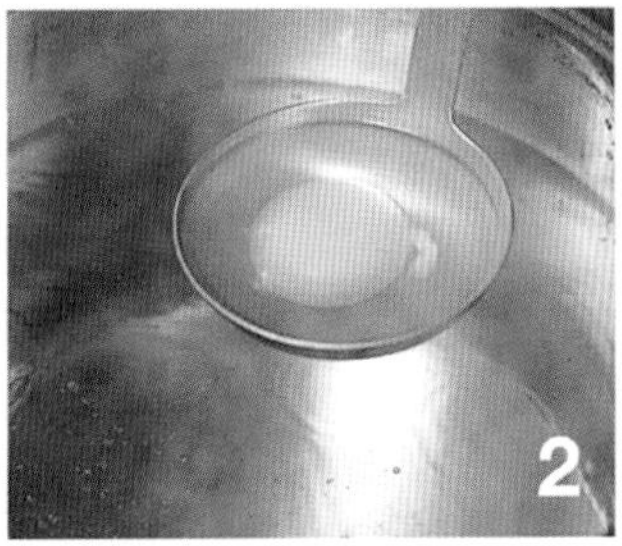

いったん火を止めて、生卵を入れたおたまを湯の中にすべり込ませます。

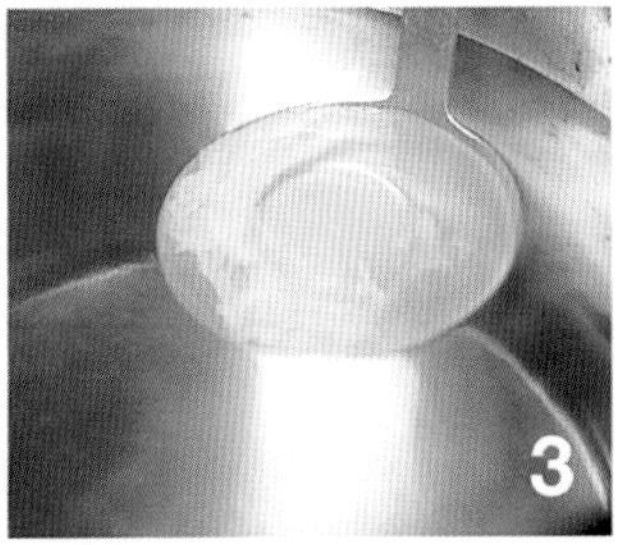

おたまが完全になべに入った状態で点火をします。中火でしばらく待つこと。

卵が半熟以上になったら湯をきるようにしておたまをなべから取り出します。

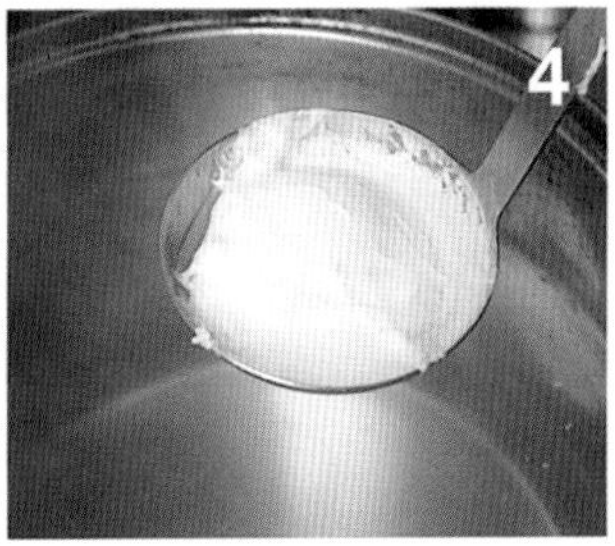

ふきんの上にのせて白身のまわりの薄くなっているところはカットします。

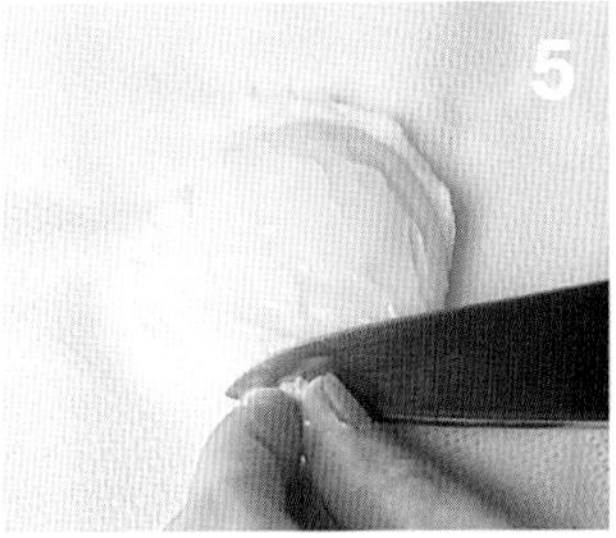

卵のまわりについた水分を十分にきってから料理につかいます。

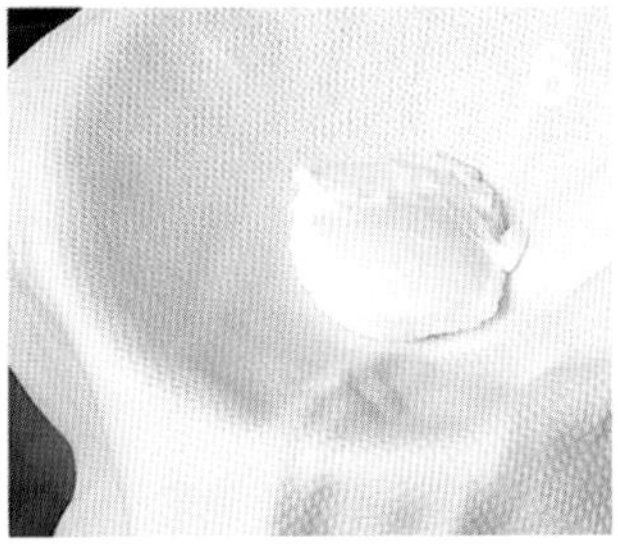

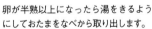

揚げ食パン半熟卵添え

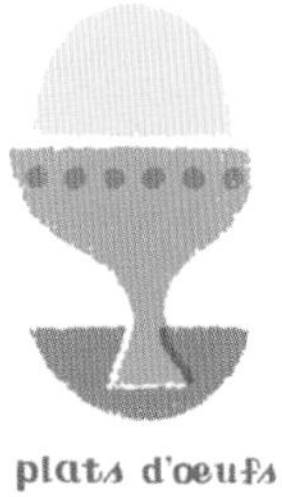

材料

卵 2コ。食パンのミミ 数本。塩少々。揚げ油 適量。（2人前）

メモ

熱した油の上に手をかざして、「1、2、3、4、5、アチッ」てなるときが、揚げものの入れどき。これは、当時、ホテルオークラの総料理長だった小野正吉先生に教わった失敗しない揚げ油の適温のはかり方です。

つくり方

① 食パンのミミを1センチ幅に切り落とし、熱した油の中でこんがりと揚げます。油の温度のはかり方はメモをご覧ください。

② 半熟卵をつくります。ゆで時間はふっとうしてから約4分になります。

③ 半熟卵をエッグカップ（スタンド）に立てて、黄身が見えるくらいのところまで手でカラをむき、白身を切り取ります。

④ 黄身の部分に塩をふり、揚げ食パンをブスッとつきさしてパンにつけていただきます。白身はやわらかいのでスプーンですくってたべましょう。

なるたけ、揚げ食パンも半熟卵もあつあつでいただきたいものです。

パリの劇場の持ち主、ド・リボン夫人として知られていたドイツ映画『モナ・リザの失踪』の主演女優、トルーデ・フォン・モロと親しくしていたとき、ごちそうになったお料理です。スペイン人のコックがつくっていたのですが、なんでもないお料理なのに、とてもおいしかったこと、これをたべたときにセーヌ河が見えていたことまで今でも思い出します。

オムレツこぼれ話

卵料理はかんたん、おいしい

『巴里の空の下オムレツのにおいは流れる』を書いて以来、シャンソン歌手の石井好子の影は薄くなり、すっかりオムレツの石井さんと呼ばれるようになってしまいました。随筆を見て、私は卵料理が大好きで、毎日たべているという印象を持たれた方が多いようですが、実はなにを差しおいても卵が好きというわけではなく、かんたんに調理ができて、どの家の台所にあるものだということ、かつてパリでたべたマダム・カメンスキーのオムレツが忘れられないほどおいしかったということからこの素材をとりあげてみたのでした。

フランスでは、日本やアメリカのように朝に卵をたべる習慣がありません。朝はクロワッサン＆キャフェ・オ・レ、昼間はボリュームのあるご馳走。そして特別の場合をぬかせば、夕食はスープと冷肉、サラダ、バゲットなどで軽くすませます。当時フランス人にとって、オムレツはどちらかといえば、夕・夜食の一品料理としてたべる傾向にありました。舞台や練習の終わったあとに歌手なかまや踊り子たちとレストランへたべに行ったり、下宿先のマダムにご馳走になったりして、パリ時代は、それはそれはおいしいオムレツをたくさん味わいました。おかげさまで、しぜんと私のオムレツの腕もあがったような気がします。

　ささっとつくれてかんたん、おいしい。これが卵料理のよいところ。オムレツのほかにも、おなかがすいたときに冷蔵庫の中に残っている具材を細かく切ってあわせていためるとちょっとしたごはんのおかずになりますし、おだしにおしょう油と塩で味をつけ、片栗粉を少々溶かした中に溶き卵を流し入れるかきたまのおつゆもおすすめです。このように、卵1コさえあれば、くふうしだいで、いり卵、卵焼き、ポーチドエッグ、中華風のカニたまなどさまざまな料理がつくれるのです。卵を割りほぐす、焼く。そんな単純な作業でも、たべてくれる人のことをかんがえて心をこめてつくれば、おいしい一品料理ができあがることでしょう。

　私にとって卵料理は、たまにたべるからこそ、おいしくたべたい一皿。だからこそ気持ちを入れてていねいにつくりたいと心がけています。

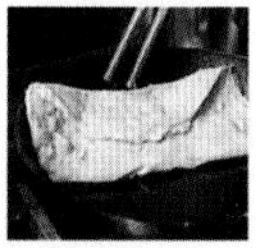

paris un, deux, trois....

1970年、エトワール凱旋門の前で。ふだんは遠くからしか見ていなかったので、このときはじめて門の真下に第一次世界大戦で亡くなった無名戦士のための炎が灯されていることを知りました。

野菜料理

plats de légumes

野菜料理

フランス風サラダ6種

トマトサラダ

ポテトサラダ

さやいんげんサラダ

きゅうりサラダ

マセドワーヌサラダ

人参サラダ

サラダはたべる直前にドレッシングとあえなくてはいけません。早くからあえてしまうと、「青菜に塩」のたとえどおり、葉がくしゃっとしぼんで、新鮮味がなくなってまずいうえ、見た目にもきたなくなってしまいます。ちょっとくふうをこらせば同じ材料でいつもと違う変わったサラダがたべられますよ。

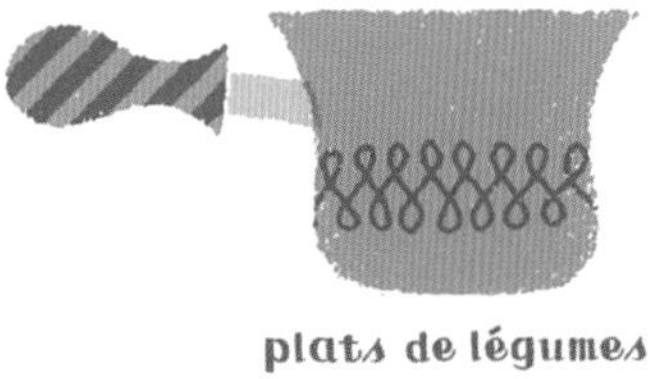

◇人参サラダ

材料

人参　1～2本。塩　適量。フレンチドレッシング　適量（つくり方はメモ参照）。パセリ　適量。（3～4人前）

つくり方

① 人参を千六本に切ります。できるだけ細いほうがよいでしょう。

② さっと塩でもんで水にさらして、さらにもう一度しぼり、フレンチドレッシングであえるだけでできあがり。みじん切りにしたパセリを最後にふりかけます。

◇トマトサラダ

材料

トマト　3コ。フレンチドレッシング　大さじ4～5。玉ねぎ　1／8コ。パセリ　適量。（3～4人前）

つくり方

① トマトのヘタを取って皮のままを5ミリの厚さに切ります。

② 大皿に横にならべて、フレンチドレッシングを大さじ4～5、その上にみじん切りにした玉ねぎをまぶし、色どりにパセリをふりかけて。

◇きゅうりサラダ

材料

きゅうり　2～3本。フレンチドレッシング　適量。玉ねぎ　1／8コ。（3～4人前）

つくり方

① きゅうりは少し厚め、1センチくらいの輪切りにします。厚めのものをポリポリとかじるほうが新鮮な感じがします。

② フレンチドレッシングの中にみじん切りの玉ねぎを少量入れてからきゅうりをあえます。

◇さやいんげんサラダ

材料

さやいんげん　1袋。フレンチドレッシング　適量。玉ねぎ　1／8コ。（3～4人前）

つくり方

① さやいんげんはなるべく細いものを選びます。へたと筋をとり、太

いものは斜めに包丁を入れて2本にしましょう。

② 湯の煮たったところにさやいんげんを入れ、ちょっと歯ごたえのあるかたさのとき、ざるに取り上げてさまします。

③ きゅうりのサラダと同様、みじん切りの玉ねぎと一緒にドレッシングであえます。

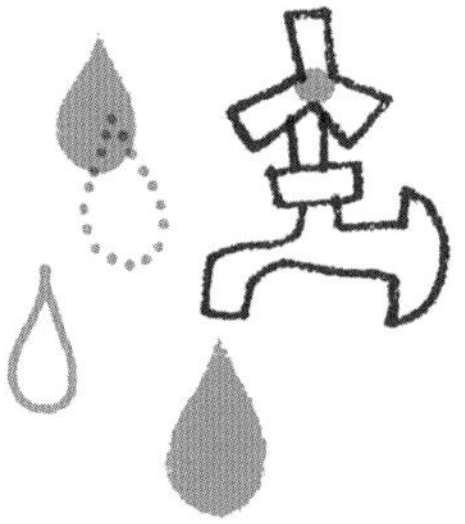

◇ポテトサラダ

材料

じゃがいも　2〜3コ。フレンチドレッシング　適量。玉ねぎ　1／8コ。（3〜4人前）

つくり方

① ゆでて皮をむいたじゃがいもを薄くそぎ切りにします。じゃがいもはゆでたてよりも、半日から一日おいた方が身がしまり、歯ごたえが出ておいしくなります。

② ①に玉ねぎのみじん切りを加え、フレンチドレッシングであえます。

◇マセドワーヌサラダ

材料

じゃがいも　2コ。人参　1本。グリンピース　適量。マヨネーズ　適量。（3〜4人前）

つくり方

① ゆでたじゃがいも、人参を角切りにして、グリンピースのゆでたのと一緒にマヨネーズであえます。

② おわんのようなものでパコッと型ぬきしてもるときれいに仕上がります。

メモ

かんたんなフレンチドレッシングのつくり方をお教えしましょう。フランスでは**オイル3、酢1**ですが、少しオイリーなので、日本では**オイル2、酢1**の割合のほうがよいでしょう。塩、コショウを少々、マスタードを入れたり、半熟卵を入れるときもあります。

また、フランスでよく、サラダボウルにニンニクをすり込んで、そこにサラダを入れていました。ニンニクをそのまま入れるのではなく、すり込むので、ほのかに香るかんじがちょうどおいしいですよ。

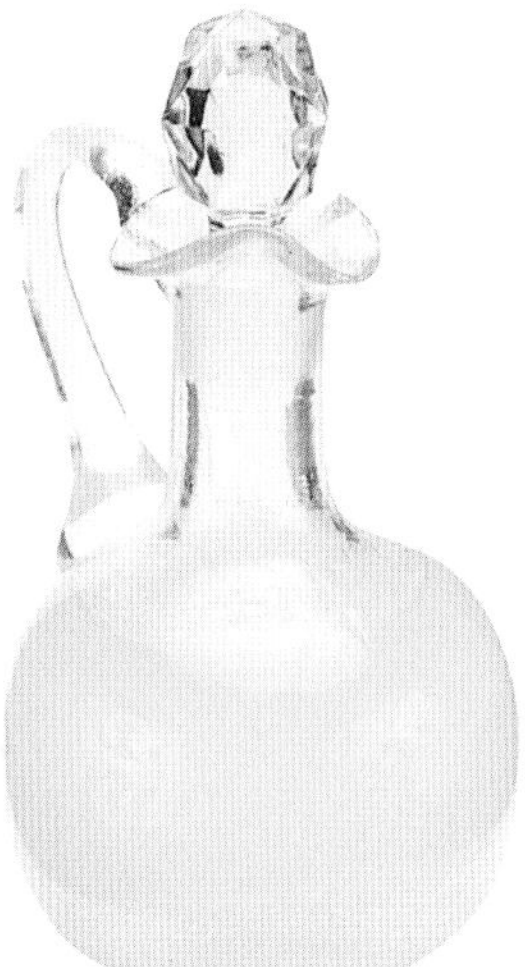

野菜料理

アメリカ風フルーツサラダ

これは、私がアメリカ留学をしていたころ、学生食堂で必ず出ていた思い出の一品です。アメリカでは、フルーツゼリーもサラダとしてたべます。ゼリーとマヨネーズの取り合わせは少々好ききらいがあると思いますが、夏の暑い日など舌ざわりが冷たくサッパリしておいしいものでした。

材料

パイナップル、桃、みかんの缶づめなど　各適量。粉ゼラチン　5g。湯　約1.5カップ（メーカーにより異なる）。マヨネーズ　適量。（4人前）

つくり方

① 缶づめのフルーツをこまかくきざんで、湯で溶いたゼラチンを入れ、ゼリーにかためます。

② このゼリーにマヨネーズをかけます。

③ ゼリーにマヨネーズをからませていただきます。マヨネーズの酸味が気になる人は、あらかじめ、マヨネーズに生クリームを足しておいてもよいでしょう。

サラダニースワーズ

ニース風サラダは、要するにフランスのコンビネーションサラダ。鮭かマグロの缶づめと野菜を一緒にいただく、たいへんボリュームのあるサラダです。地中海のニースではたくさんのおいしい魚が安く手にはいります。そこで魚と野菜を組み合わせたサラダをサラダ・ニースワーズ（ニース風サラダ）と呼ぶのでしょうか。

材料

鮭かマグロの缶づめ　大1カン。キャベツ　4～5枚。セロリ　2本。じゃがいも　中3コ。ピーマン　2コ。卵　2コ。トマト　中1コ。オリーブの酢づけ　適量。アンチョビー　適量。フレンチドレッシング　適量。コショウ　少々。（4人前）

つくり方

① 缶づめは身をとり出し、骨をとって大まかにほぐしておきます。汁はすてます。

② じゃがいもはゆでてひえたところで皮をむき、4～6つ切りにしておきます。

③ セロリは5ミリ幅の小口切りにしておきます。キャベツはせん切りに。

④ ピーマンはたてに2つ切りにし、タネを取ってから薄く切ります。

⑤ 卵はかたゆでにしてカラをむき、2つに切っておきます。トマトは皮をむかず、8つにくし形に切っておきます。

⑥ ①～④までを深めのお皿に盛り、ゆで卵とトマトで飾って、オリーブの酢づけやアンチョビーがあればそれも上に飾りましょう。

⑦ たべるときに、フレンチドレッシングであえていただきます。コショウをきかせるとぴりっとしておいしいですよ。

家庭用コロッケ

家庭のコロッケはじゃがいもでけっこう。子どものころにたべたなつかしいコロッケは、いつもじゃがいもでした。

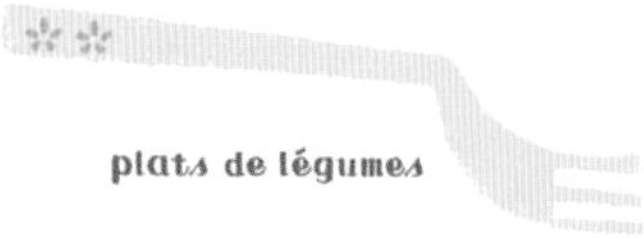

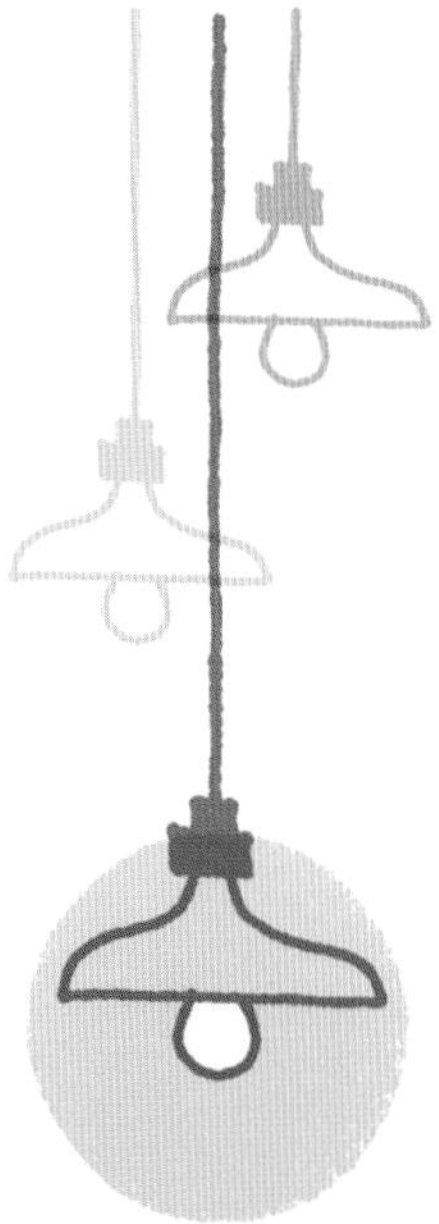

材料

じゃがいも　中6コ。玉ねぎ　1コ。豚ひき肉　100g。牛乳　1／2カップ。バタ　卵1／4。塩・コショウ　各適量。小麦粉・卵・パン粉・サラダ油　各適量。（4人前）

つくり方

まず、マッシュドポテトをつくります（マヨネーズを入れてサラダにしたり、お魚料理のつけあわせにしたり、ハムなどを入れてハムポテトにしたり、色々とつかえます）。

① じゃがいも6コを、皮をむいて4つ切りします。

② ①を水からグラグラとやわらかくなるまで煮たらボウルにとり、へラなどでつぶします。

③ 鍋にバタを入れ、火にかけて②を入れ、少しずつ牛乳を加えながら耳たぶくらいのやわらかさになるまでのばして、塩、コショウで味つけします。

ここからが、じゃがいものコロッケのつくり方になります。

④ 玉ねぎのみじん切りと豚ひき肉をいため、マッシュドポテトと混ぜます。

⑤ 俵形、小判形など、好きな形につくったら、粉をまぶし、溶き卵をつけてからパン粉をつけて多めの油で揚げましょう。

メモ

揚げ油の温度のはかり方は28頁を参照してください。

野菜のたつた揚げ

材料

人参　1本。さつまいも　1本。レンコン　1本。ごぼう　1本。玉ねぎ　1コ。なす　1本。しょう油・酒　各適量。砂糖　少々。片栗粉　適量。揚げ油　適量。

（4人前）

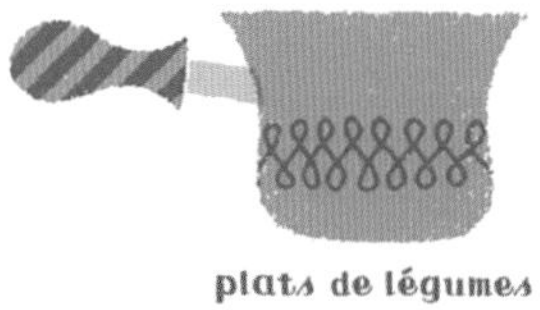

たいていはトリや豚などの肉類でつくるたつた揚げ。野菜だってたつた揚げにすれば食べかたもかんたん。天ぷらのように大根おろしやつけ汁をつくらないですむんです。

つくり方

① 野菜を、1.5センチくらいの輪切りにします。

② しょう油と酒を同分量、砂糖少々を皿にとり、それに①を10分ほどつけてから片栗粉をまぶして揚げます。

③ こげやすいので、中火で用心して揚げてください。

メモ

揚げ油の温度のはかり方は28頁を参照してください。

スタッフ・ド・トマト

材料

トマト 中4コ。牛またはトリひき肉 200g。玉ねぎ 1／2コ。食パン 1枚。卵 1コ。牛乳 適量。粉チーズ 適量。塩・コショウ 少々。（2人前）

つくり方

① 牛乳の中に入れてグチャッとした食パンをしぼってひき肉と混ぜ、卵、玉ねぎのみじん切り、塩、コショウを入れ、さらに混ぜます。

② トマトのヘタのほうを浅く切り落とし、中をくりぬいて①をつめて、上に粉チーズをふりかけて焼きます。

③ オーブントースターで15～20分、透明な肉汁がフツフツと出てきたらOK。

④ 肉の中までよく火が通り、まわりのトマトはやわらかくなったのをフーフー吹きながらたべましょう。

中に入れるものは牛のひき肉でも、またトリ肉でもさっぱりとしておいしい。下宿先のマダムはひき肉にはパンくずなど入れない主義だったけれど、やはり、牛乳の中に入れてグチャッとしたパンと玉ねぎを入れたほうがおいしいいし、肉の節約になっていいいと思います。

メモ

くりぬいて残ったトマトの中身は、スープや、トマトソースにつかって有効活用しましょう。

野菜料理

ラタトゥイユ

材料

ズッキーニ　4〜5本（なければ、なす5〜6本で代用）。トマト　中5コ。ピーマン　3コ。玉ねぎ　中2コ。にんにく　1かけ。サラダ油　適量。塩・コショウ　各適量。
（4人前）

つくり方

① ズッキーニは幅1.5センチぐらいの輪切り、トマトは皮をむきヘタを取って乱切り、ピーマンは種とへたを取って輪切り、玉ねぎは薄切り、にんにくはみじん切りにしてみんな混ぜ合わせておきます。

② 厚手の平たいなべに油をたっぷりと敷いて①を入れていためます。混ぜているときは強火で、塩、コショウをしてフタをしめたらとろ火にして15〜20分煮込んでいきます。

③ 水もスープも何も入れないで大丈夫。野菜から水気が出て、トマトの色が全体についてドロッとしてきます。

オムレツなどにかけるトマトソースとちょっと似た煮込み料理で、前菜や肉のつけあわせにたべます。熱いうちにたべてもよいし、さめて冷たいのも悪くない、ごはんのおかずにもなる大変おいしい、野菜の煮込みです。ニース（南仏）の人はとくに冷たくしてたべるようです。

メモ

これだけの材料だと色が薄めに仕上がるので、赤く仕上げたい方は最後にケチャップを入れましょう。

オムレツこぼれ話

仕上げのひと手間を惜しまない

料理の成功は、最後のひと手間にかかっています。たとえば、もりつけ。食べものは、もりつけ次第でおいしそうに見えるものです。これはその人なりのセンスが出るとでもいいましょうか。サラダやピラフなどをお皿にふんわりと軽く、うずたかくもりつけた料理は、べちゃっとつぶれてしんなりしているものにくらべるまでもなく、おいしそうに見えます。また、お魚やお肉などの平たいディナー皿で出すものは、つけあわせのいろどりもなく、お皿のふちにまでドカンと料理がきてしまっては見ためもよろしくないし、それをたべるときにフォークやナイフをつかいにくくなってしまいます。きちんと料理のサイズや、たべる人のことを考えて、心をこめてうつわを選び、料理をもりつけたいものです。

料理はその人なりの美意識や心づかいがとてもあらわれるものだと私は思います。昔、『暮しの手帖』で料理の撮影をしたときに、当時編集長だった花森安治先生にトリの丸焼きの湯気のたちっぷりが悪い、おいしそうに見えない、と3回もやり直しをさせられました。確かに、味はおいしくても見ためにさめてまずそうであれば、誰もたべようという気がおきません。そのときは撮影だか

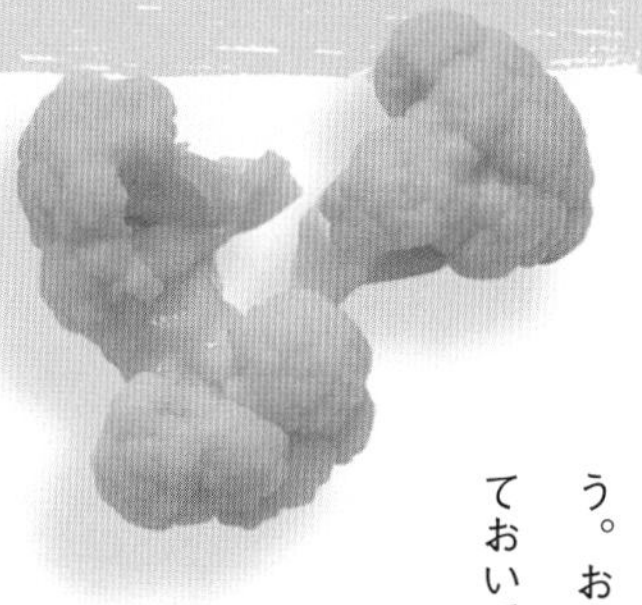

ら特別、というわけではなく見ためにおいしいことは味わう以前に大切なことなのだと実感しました。それからというもの、私はひとりのときでも食事のひとときを優雅にすごすために、日ごろから、仕上げのひと手間を惜しまないようにしています。

お肉やお魚料理によくつかう、とてもかんたんなつけあわせ野菜のつくり方をお教えしましょう。お皿のいろどりが足りないときのために覚えておいてください。

さやいんげん、人参、玉ねぎ、ブロッコリー、カリフラワーなどをゆでた後、ゆでこぼします。そのときほんの少々（大さじ１）ゆで汁を残して、そこへ卵１／４コの大きさのバタを入れてください。塩、コショウを少々ふりかけて、もう一度強火にかけて汁を蒸発させてしまいます。強火でなべの底がこげないようになべ全体を動かしましょう。フランス風にするなら、ゆっくり野菜がクタクタになるまでゆでてください。

paris un, deux, trois....

パリのアパルトマンで。当時パリでは東洋人の歌手は珍しく、オリエンタルなイメージが受けていたように思います。チャイナ服を着ていますが、和服を着ることもありました。

魚介・肉料理

plats de viande et de poisson

コキーユ・サンジャック

plats de viande
et de poisson

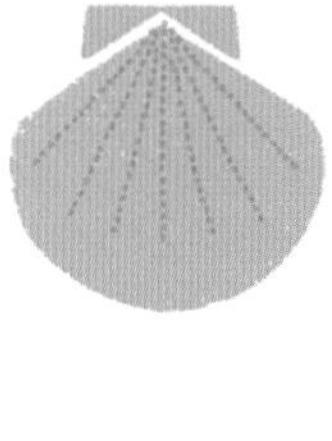

フランス人は秋から春先にかけて生ガキやうに、はまぐりなどを、ボウルいっぱいにいただくほど貝が好きです。生食以外の貝料理の中でいちばん有名なのは、このコキーユサンジャック（帆立貝のグラタン）。こってりした味ですが、貝がらの中に具が入っているので分量は少なく、くどく感じません。冷えたワインとたべたなら、感きわまってしまう一品です。貝だけをすりおろしたにんにくと一緒に、バタでいいためてたべてもおいしいです。

材料

帆立貝（殻つき）2貝。シャンピニオン（ホワイトマッシュルーム）2コ。にんにく 1かけ。ホワイトソース（26頁参照）30g。バタ 卵半分。塩・コショウ 各少々。粉チーズ 適量。（2人前）

つくり方

① 帆立貝は1貝を4等分に切り、シャンピニオンも同じくらいの大きさに切ります。

② 中火にしたフライパンの中にバタを入れ、にんにくのみじん切りと帆立貝とシャンピニオンを加えて、火が通るくらいにいため、塩、コショウで味をつけます。

③ ②を帆立貝の貝殻に入れてホワイトソースをかけ、粉チーズをふります（貝殻の皿がない場合はグラタン皿で代用してください）。

④ オーブントースターで10～12分焼きます。表面がきつね色になったらできあがり。

レ・オ・ベール・ヌワール

plats de viande
et de poisson

フランスの「レ」という魚にバタソースをかけた魚料理。「レ」は赤えいのような魚で、えんがわの多い魚です。エッセイではかれいでご紹介しましたが、冬場は安くておいしいたらがおすすめです。

材料

たらの切り身　2切。ローリエ　1枚。ケイパー（ビンづめ）大さじ2。バタ　卵半分。塩　少々。（2人前）

つくり方

① ローリエを入れた水（たらがひたるくらいの量）をぐらぐらにゆで、ひとつまみの塩とたらを入れます。たらに火が通ったら、ざるに取りあげましょう。

② 熱したフライパンにバタを溶かし、ケイパーをビンから汁ごとすくって入れます。

③ お皿にのせたたらにケイパーの入ったバタをたっぷりとかけます。

つけあわせにふかしいもをそえるとよいでしょう。ほくほくとしたじゃがいもにバタソースがからんで、たくさんたべられそうです。

メモ

リエージュ風のこうし

リエージュはフランスの隣国ベルギーにある大都市ですが、これはドイツ料理ウィンナ・シュニッツェル（ウイーン風のこうし）と大変よく似た料理です。今はミラノ風カツレツとも呼ばれています（ウィンナ・シュニッツェルのほうがもっと平べったくなるようにこうしをたたきます。カリカリしておいしい）。

材料

こうし（切り身、厚さ2～3センチ）2枚（なければふつうの牛肉、または豚肉の脂の少ないところを使います）　卵（つけあわせ用）1コ。　レモン（薄切り）5～6枚。パセリ　少々。　アンチョビー　少々。塩・コショウ　各少々。小麦粉・卵・パン粉・油・バタ　各適量。

（2人前）

つくり方

① こうしの切り身を、まな板にのせ、棒でたたいて平たくし、塩、コショウをしておきます。

② 卵1コをかたゆでにしてからみじん切りにしておきます。パセリも少々みじん切りに。レモンを5～6枚、薄い輪切りにしておきます。

③ 肉に小麦粉をまぶし、卵2コをよくほぐしたものをぐるっとまわりにつけて、その上にパン粉をつけてけて、その上にパン粉をつけて揚げるばかりにしておきます。

④ 食事直前に同量の油とバタ半々をたっぷりとかしたフライパンの中で、③を両面揚げ焼きします。

⑤ まわりのパン粉がこげ茶色に焼けたらお皿にとり、こうし1枚につきにレモンの輪切りを2～3枚のせてゆで卵と、その上にパセリをふりかけてお出しします。アンチョビーをのせたら本格的なものになります。

メモ

揚げ油の温度のはかり方は28頁を参照してください。

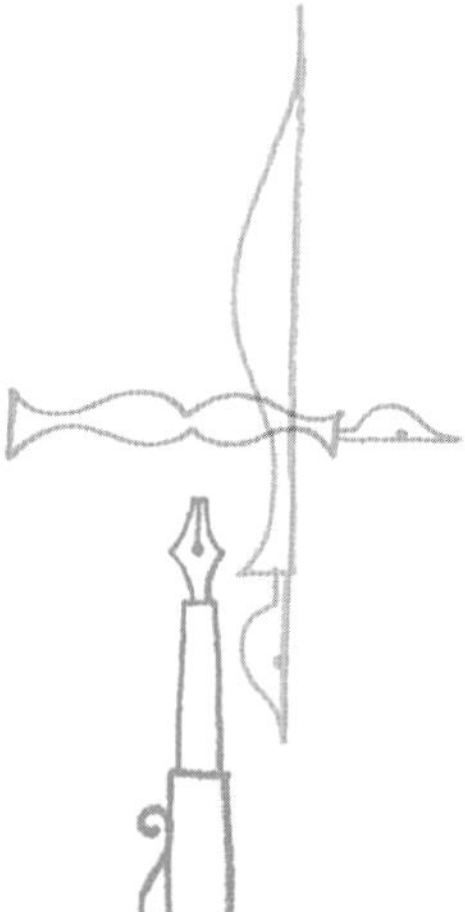

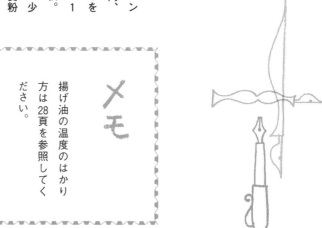

オムレツこぼれ話

お皿や調理用具に凝って費用をかけていた時期もありましたが、一応のものが揃ってしまってからというもの、これ以上増やす必要もなく、気に入ったものを大切につかうようにしています。たまには、かわいらしいカットにひかれ、ガラスのコップなどを買うこともあるのですが、そのときは背の高いものだとうっかり倒してしまうので、なるだけ背が低いものを選ぶようにしています。

私の経験上、調理器具に関しては、刺身や出刃など、包丁を場面によってつかいこなすのはむつかしいと思われるので、プティナイフを購入されることをおすすめします。あと、調理用のはさみは大変便利。トリのももをふたつにするときなど、手をよごさずに安全に切ることができるでしょう。無理をして得意でない包丁をつかうよりも、はさみをつかったほうがかんたんです。お皿は、ふだんづかいにはブルーダニューブを、お客さまのときはロイヤルコペンハーゲンをつかっています。どちらも白とブルーの模様ですが、やはり、どんな料理をのせても違和感がなく、料理を引き立たせてくれるという意味ではこの色の組み合わせに勝るものはありません。いろいろと試した結果、いきついた私の定番皿といえるでしょう。

台所から・・・　私のお気に入り

平野レミさんからいただいたフライパンは、ふたがスタンド式でつかい勝手がよく、重宝しています。カップと一体化したフルーツ柄のTEA FOR ONEは毎朝のお茶の時間に。明るい黄色がひときわ目をひくホーローの調理器具は、バタを溶かしたり少しのソースをあたためたりするのに役立ちます。銅製の手付きカップ、銀のスプーンは愛着があってずっと持っているものです。

paris un, deux, trois....

1952年、留学先のサンフランシスコからパリに到着したばかりのころ。本場のシャンソンを聞きたい、何とかして歌う機会を持ち、うまくなりたい、そんな希望に燃えていました。

スープ料理

soupes

スープ料理

ヴィシソワーズ

私がまだフランスにゆく前、サンフランシスコで留学生活を送っていたときに現地のフランス料理店でのんだ冷たいスープです。

このスープ、実はパリではあまりお目にかからないフランス風アメリカ料理。だけれども、とてもおいしいのでつくり方をお教えしましょう。

材料

じゃがいも　2コ。玉ねぎ　1／2コ。長ねぎ　1本。パセリ　少々。レモンのしぼり汁　少々。牛乳　約2カップ。固形スープ　2コ。湯　約2カップ。バタ　卵1／4。塩・コショウ　各適量。（2人前）

つくり方

① じゃがいもと玉ねぎ、長ねぎをざく切りにし、厚手のなべを使ってバタでゆっくり、こげめがつかないようにいためます。

② いためた野菜に塩、コショウをして固形スープを溶かした湯を入れます。このとき、湯は野菜にひたひたになるくらいに調節してください。

③ 水分が少なくなるまで（水が多いと味が薄くなるので注意）煮たら火を止め、さましてからミキサーにかけます。牛乳は様子を見ながら少しずつ入れていくといいでしょう。ドロドロになる一歩手前の少しさらっとした感じの仕上がりを目指してください。

④ ③に、冷蔵庫で30分ほどひやします。

⑤ いただくときにパセリのみじん切りを浮かせ、レモン汁を少々かけてください。

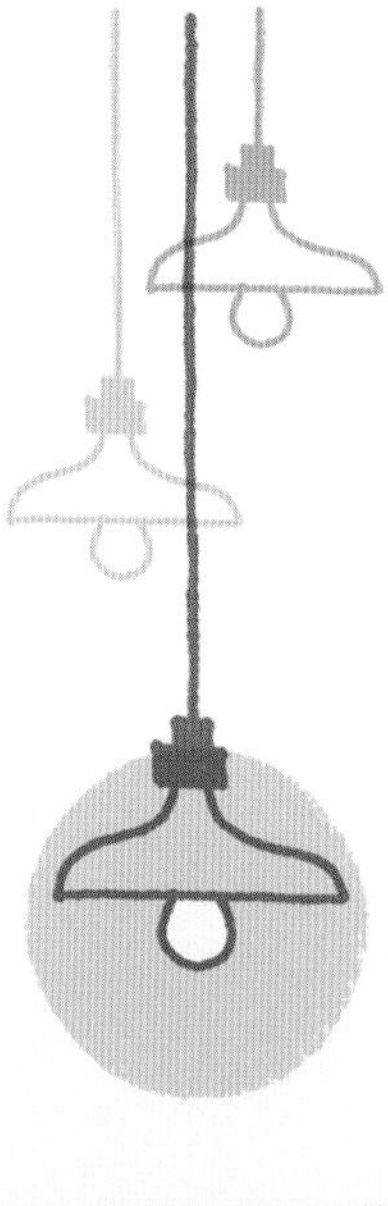

メモ

ガラスの器ごと冷蔵庫でひやしておいて、お客さまに出したら、夏場はとくに喜ばれます。

レタススープ

材料

ベーコン　2枚。 レタス　6枚。
固形スープ　1コ。（2人前）

つくり方

① さっと湯がいておいたレタスを、一枚ずつくるっとロールに巻いておきます。

② なべに4つ切りにしたベーコンを敷いて、その上にくるくる巻いたレタスを入れます。

③ 水をひたひたまでそそぎ、固形スープを入れて約10分煮ます。

④ 深めのスープ皿にレタスのかたまりとベーコンを取り出し、上からスープをかけます。

一度水で洗うといたみやすくなるレタス。残ってしまった場合はレタスのスープにしてつかいます。

　スープ皿の中でナイフとフォークをつかってレタスを適当な大きさに切り、おつゆのたれそうになるのをフーフーふきながら召し上がったら、またもう一度つくってみようと必ず思われるに違いありません。ベーコンのないときはハムでも代用できます。

メモ

このスープは、レタスでなくとも、キャベツや白菜でつくれば、西洋風というより中華風のスープになります。

さっぱりトマトスープ

トマトのおいしい季節によくつくるスープです。
　これはコンソメ風の味つけですが、とろりとしたポタージュ風味つけにしたければ、ゆでたじゃがいも、セロリ、玉ねぎをミキサーにかけて、ゆで汁の残りのスープ少々と牛乳でのばしてください。

材料

トマト　2コ。　玉ねぎ　1コ。　固形スープ　3コ。　水　5カップ。　バタ　卵1/3。　塩・コショウ　各少々。（4人前）

つくり方

① トマトはへたをとって湯むきをし、サイコロ状に切ります。玉ねぎは大きめのみじん切りにします。
② なべに水と①の野菜、固形スープを入れ、塩、コショウをして火にかけ、約20分煮ます。
③ お皿によそったら、たべる前にバタを落とします。粉チーズをふりかけてもおいしいです。

メモ

さっぱりトマトスープにそえるこおばしいガーリックトーストのつくり方をお教えしましょう。

バゲットを2センチの幅に切ってオーブントースターで焼き、半分に切ったにんにくの切り口をごしごしとすりつけてから、バタをぬります。

本格的なものにする場合は、にんにくをすりおろしてバタと少量の塩を混ぜて練り、これをパンにぬってからオーブントースターで焼きます。

ドイツ風ポタージュ

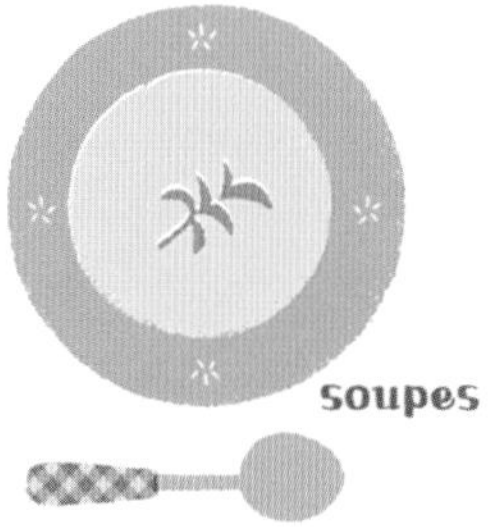

そら豆の出さかりのころにおすすめのスープです。

ベーコンの香りが豆の青くささを消してくれる青いドロッとしたドイツ風のポタージュ。そら豆をグリンピースにしてもおいしく仕上がります。

材料

そら豆　120g。長ねぎ　2本。ベーコン　1／2枚。牛乳　約1.5カップ。水　約1ℓ。固形スープ　1〜2コ。バタ　適量。塩・コショウ　各適量。（2人前）

つくり方

① 皮をむいたそら豆とざく切りにした長ねぎを、バタでいためます。

② ①にスープ（固形スープを溶かした水約1ℓ）を入れ、20〜30分ほど煮たら、中身だけを取り出してミキサーにかけます。

③ ミキサーにかけたものを牛乳でのばし、塩、コショウで味をつけます。

④ 細かく切ったベーコンをフライパンでちょっとカリッとするくらいまでいためておき、お皿に盛ったスープの上へクルトンの代わりにパラパラと落としましょう。

メモ

豆の皮をむくと、指先にはあくがしみこんで不愉快なものだけれども、私はそんなことは平気。ざるの中にいっぱいの豆と、別にボウルを持って居間に入ります。そしてレコードをかけて、すわり心地のよい椅子で、落ちついて豆をむきはじめるんです。やさしい気持になって楽しく豆をむくことからお料理の作業ははじまります。

スープ料理

西洋風ごった煮スープ

夜遅くまでおきていると、夕食をすませていても、ねる前にちょっと何かたべたくなるときがあります。そんなときは胃にもたれない西洋風のスープにパンをいただきます。ありあわせのものを何でも入れ、煮こんだものがごった煮スープ。大根、かぶ、白菜などは西洋風のスープには合わないのでご注意を。

材料

人参　1本。じゃがいも　1コ。キャベツ　2枚。玉ねぎ　1／2コ。固形スープ　1コ。水　2カップ。バタ　少々。サラダ油　少々。塩・コショウ　各少々。（2人前）

つくり方

① 人参は皮をむいて薄い輪切り（大きいところは半月切りに）、じゃがいもはいちょう切り、キャベツは一口大に、玉ねぎは薄い半月切りにし、サラダ油を敷いたフライパンでいためます。

② なべに水と固形スープと①を入れ、野菜がやわらかくなるまであくを取りながら煮ます。

③ 塩、コショウで味をととのえてお皿によそい、バタを少量落とします。

メモ1

お好みでトマトも一緒に煮たり、できあがりにパセリのみじん切りをパラッとふりかけてもおいしくいただけます。さっぱりしすぎると思う人は食パンを4つ切りにして油で揚げておいてできあがったスープのなべに入れ、ぐらぐらっと煮たたせてからスープと一緒にたべます。

メモ2

ごった煮の洋風スープを和風のだし汁にかえ、鶏肉や豆腐をいれて、さらに水でもどした春雨を入れると、とてもおいしい和風ごった煮になります。このとき、具材はポン酢でいただいてください。

石井好子風 かんたんグラティネ

グラティネとは、パリでは玉ねぎのグラタンスープの通称です。パリで楽屋生活をしていたときに、寒いころの夜食といえば「グラティネ」と決まっていました。フォークとスプーンをつかってチーズトーストのグラタンをたべながら中のスープを味わってください。

メモ

食パンはあらかじめ、よそうカップの口でまわし切りをしてのせるときれいに見えます。

いためた玉ねぎはたくさんつくっておいて、小分けにし、冷凍しておくと便利です。私は、オムレツやスープ、カレーなどをつくるときに入れて味に深みを出します。

材料

玉ねぎ　中3コ。食パン（8枚切）2枚。とろけるチーズ　2枚。固形スープ　1コ。湯　3カップ。バタ　卵半分。塩・コショウ　各少々。（2人前）

つくり方

① 玉ねぎは皮をむき、できるだけ薄切りにします。フライパンでなく厚手のなべで、玉ねぎを茶色になるまで弱火で1時間くらい根気よくバタでいためます。塩、コショウで味をつけながら火を強くしないで気長に混ぜましょう。玉ねぎがベトベトになって水気がなくなってきたら、火をさらに弱めてこがさないようにいためてゆきます。切りいかの佃煮のようになったらできあがりです。

② ①の中に固形スープを溶かした湯を入れて、あくをすくいながら10分煮ます。

③ チーズトーストをつくります。食パンの上にとろけるチーズをのせ、オーブントースターでチーズに少しこげめがつくように焼きます。

④ 器にぐらぐらに熱したスープをとりわけ、出す直前に焼いたチーズトーストをのせます。あつあつのうちにいただいてください。

オムレツこぼれ話

料理学校へかよう

最初に書いた随筆『巴里の空の下オムレツのにおいは流れる』の評判がよく、『暮しの手帖』で3年間も随筆を連載することになってしまったので、さすがにこれは料理のことをちゃんと学ばなければいけないと思い、パリに行くおりに、世界的に有名な料理学校、コルドン・ブルーへ入学しました。雑誌は3年間の連載予定だったので、料理のいろはも知らないままでは途中で書きあぐねてしまうだろ

うと、パリでは3週間、朝から夕方までみっちり料理ずくめの毎日を送りました。

　私が子どもだったころ、西洋料理といえばカレーライスやコロッケのことをさし、そういった類のものは洋食屋さんにたべに行ったりお店で買ったりするものでした。なので、コルドン・ブルーでは、フランス料理の複雑な成り立ちにとても驚いたのを覚えています。私はわりといいかげんなところがあるので、料理も自己流で作ってしまいますが、学校では基礎を根本から学ぶことができたのでその経験は現在でも大変役に立っていると思います。本当に当時は知らないことだらけだったのだと、今さらながらに実感しています。

paris un, deux, trois....

1960年、カンヌ国際映画祭のためにフランスを訪れた有馬稲子さんとヴェルサイユにて撮影。このとき、彼女は数日間私の家に滞在し、パリのあちこちを案内して回りました。

なべ料理

plats en casserole

なべ料理

ザウエル クラウト

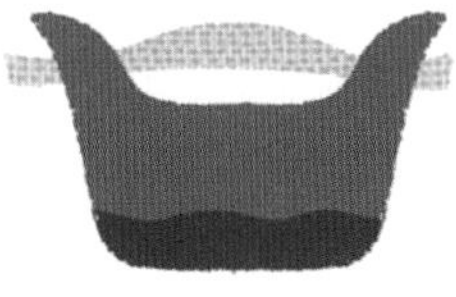

ドイツ料理です。パリの街かどのおかず屋さんにはかならずザウエル・クラウト用のすっぱいキャベツが売られていました。
最近は日本でも見かけるようになったキャベツの酢づけを使って簡単につくることができます。ボリュームたっぷりの田園風な味が食欲をそそります。

メモ1

自家製キャベツの酢づけのつくり方をお教えしましょう。

キャベツのせん切りに塩をたっぷり振り、重しをのせ、ひたひたの酢で丸1日、押しづけをします。料理につかう前に水洗いをし、ぎゅっと水分をしぼってください。

メモ2

煮込むときの水分を多くしてじゃがいもを入れてもいいでしょう。

材料

ザウエル・クラウト用のキャベツの酢づけ　1カンまたは1びん。ソーセージ、ハム、ベーコンなど　適量。りんご　1／2コ。サラダ油またはラード　適量。砂糖　小さじ1。塩・コショウ　各少々。マスタード少々。（4人前）

つくり方

① 大なべに油、またはラードをひいて、水をきったザウエル・クラウト用のキャベツの酢づけを入れ、いためます。

② ①に具がひたひたになるまで水をそそぎ、砂糖を入れ、塩、コショウをして、中火で水がなくなるまで煮つめます。煮つまる直前に、りんごをすったものを混ぜて仕上げをします（酢がやわらぎ、味がよくなります）。

③ ちょっとすっぱく油でつやの出た、湯気の立っているやわらかい酢づけキャベツのいため煮に、ソーセージやハム、ベーコンの厚切りをのせて、弱火で10～15分煮たらできあがり。皿に大盛りにのせてください。

④ いただくときはマスタードをつけて。このごろは粒マスタードが好きな人も多いようですね。

トマトシチュー

私はシチューをごはんにかけてたべるのが好きなので、じゃがいもを入れないのですが、本格的なものは、ごはんをなしにしてじゃがいもを入れてつくります。この料理はたくさんつくったほうがおいしいので、多めにつくって残ったら冷凍保存してください。

材料

牛すね肉　600g。人参　3本。じゃがいも　2〜3コ。玉ねぎ　1コ。ブロッコリ　1房。にんにく　2かけ。ホールトマト　1カン。ドミグラスソース　1／3カン。ローリエ　1枚。固形スープ　1〜2コ。ケチャップ　大さじ1。バタ卵半分。塩・コショウ　各適量。赤ワイン（あれば）適量。（4人前）

メモ

ホワイトシチューにする場合は肉をトリや羊に変えてもよいでしょう。材料からにんにくを抜き、赤ワインを牛乳に、ドミグラスソースをホワイトソース（26頁参照）に変えてください。

つくり方

① 人参は1センチくらいの厚さに切り、じゃがいも、ブロッコリは一口大に、玉ねぎは4つ切りにします。

② 大なべにバタを入れて熱したところに、薄切りにしたにんにくを入れ、卵半分くらいの大きさの（お好みで、ぜいたくにしたい人は大きめに）肉を入れてまわりをこがすようにいためます。

③ 人参とローリエを加えてひたひたに水をそそぎ、ホールトマト、塩、コショウ、固形スープを入れて（濃いめに味をつけます）約1時間、コトコトと煮ます。

④ 玉ねぎ、じゃがいも、ブロッコリを入れて、さらに30分煮込みます。野菜はお好みでセロリや芽キャベツなどを入れても。水分が足りない場合は、少しずつ足して調節してください。赤ワインがあれば、水の代わりに入れると風味が増します。

⑤ 野菜が崩れそうなくらいに煮えたら、最後にドミグラスソースを入れ、トマトケチャップで味をしめます。5分くらい煮込んでできあがり。

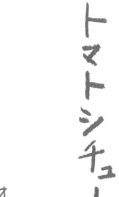

なべ料理

ポトフ

日本人がなべ物を好きなように、ヨーロッパの人たちも秋から冬にかけて、なべ料理をつくります。フランスの家庭で最も多くつくられるポトフは、名前は違っても、同じような料理が各国でつくられています。ポトフはバタも油もつかわない健康料理です。フランスでは大きなスープのポットにもって食卓に出しますが、私は大きな土なべで出しています。ポトフをたべるときはスープ皿と肉皿を両方出しておいてスープを飲んだり、別に取り分けた肉や野菜をたべたりするので「からし」も出しておきましょう。肉が残ってしまったら、しょうがじょう油にまぶして一晩つけておき、翌日薄切りにしていただくとおいしいごはんのおかずにもなります。

メモ

あんばいを見ながら固形スープを足していってもいいでしょう。

水を常にひたひたにしておくのは野菜から水が出るためです。ときどきなべのふたを開け、様子を見ながら水分を足していってください。

plats en casserole

材料

ずいの通った牛すね肉　600g。
人参　3本。キャベツ　1／2コ。
玉ねぎ　1コ。セロリ　1／2本。
しめじ　1パック。ローリエ　1枚。
塩・コショウ　各適量。（4人前）

つくり方

① 牛すね肉に塩をもみ込んでおき、1時間くらい経ってから丸のまま熱湯に入れ、一度ゆでこぼしておきます。

② 肉と野菜を卵半分くらいの大きさに切って、キャベツ→人参→玉ねぎ→セロリ→しめじ→肉の順にぎゅうぎゅうになべに詰めます。塩で軽く味をつけましょう。ローリエを入れて、具がひたひたになるまで水を足しながら2〜3時間煮てください。

③ はじめは強火で、煮たったらとろ火にします。最後にあくをすくい出し、もう一度塩、コショウで味つけして熱いところを食卓に出します。スープの味は少し濃いめにするとおいしくなります。

ブイヤベース

地中海に面した南仏、特に港町のマルセイユでよくたべられるスープです。

　漁夫たちが魚網の底に残った、いろいろな種類の魚を大なべに投げ込んでつくった料理は、たしかに漁師町の香りに満ちています。

材料

いろいろな種類の魚介類（サバ、アジ、キス、ヒラメ、タイ、タラなど赤身以外の魚、えび、貝類など）を2種類以上　適量。トマト　中2コ。玉ねぎ　1～2コ。長ねぎ　1～2本。
にんにく　2かけ。パセリ　少々。
サフラン　1g。白ワイン　少々。
水　2カップ。オリーブ油　少々。
塩・コショウ　少々。（4人前）

つくり方

① トマト、玉ねぎ、長ねぎ、にんにくを細かく切り、魚介類と一緒に深いなべの中に入れます。
② オリーブ油、白ワイン、水、サフランを加えて、強火で20分くらい煮ます。
③ 塩、コショウで味つけしたらできあがり。味は濃いめに、少ししょっぱいくらいがいいでしょう。
④ 深皿に魚を置き、上からスープをかけ、パセリのみじん切りをふりかけて出します。

メモ

　ブイヤベースにそえるプロヴァンス風アイオリソースのつくり方をお教えしましょう。
市販のマヨネーズ１カップに、にんにく２かけをすりおろし、パプリカの粉をふって混ぜます。ブイヤベースの中の具につけていただいてください。アイオリソースは、ゆでた白身魚や卵、じゃがいもにもよく合います。

ポーク＆ビーンズ

ポーク&ビーンズという料理は〝カスレ〟という南仏の家庭料理がもとになっています。フランスではとても喜ばれる、みんなが大好きなお料理です。ただ、少し手間がかかるので、それをかんたんにたべられるようにしたのが、このポーク&ビーンズです。

材料

（4人前）
缶づめのポーク&ビーンズ　2カン。
豚バラ肉、ソーセージなど　適量。

つくり方

① 豚バラ肉を、あらかじめ（水またはブイヨンで）煮ておきます。
② 土なべに、缶づめのポーク&ビーンズと①、いろいろな種類のソーセージを入れてじっくり煮込めばできあがり。

メモ

カスレ（Caslet）は、豚肉やソーセージと豆を土なべで煮込んだ南仏の料理です。

Burg Layer Schloss
Spätlese · Nahe
750ml
Ferdinand Pieroth

オムレツこぼれ話

巴里・お菓子の歳時記

あまり甘いものを好んでたべないので、しぜんと随筆のほうも料理が中心になっていますが、当時からパリにはいろんなお菓子がありました。グランマルニエ酒とオレンジの皮が入ったスフレ・オ・グランマルニエ、甘く煮た果物が入ったタルト（パイ菓子）、小さなプティ・フール、シュークリーム……甘いものが好きな人にはたまらないほど、お菓子天国のパリ。街を歩いていて、ウインドウショッピングがてらお菓子屋さんのガラスケースをのぞけば、そこに飾ってあるお菓子で季節を知ることができます。

1月のお菓子

ガレット・デ・ロワ　王様のガレット

1月には、何も入っていないパイが店頭にならびます。そのパイのなかにフェーヴとよばれる陶製の小さいお人形がひとつ入っています。このフェーヴのところに当たった人はその日の王様に。王様は、パイの上にのった紙で

できた王冠をかぶって、王様の気分でいばって一日を過ごします。私の知り合いには、何も知らずにかじって歯が折れた人が何人かいますので、たべるときには注意をはらわなければいけません（笑）。

2月のお菓子

2月2日はキリスト教の「主の奉献」の日

昔のしきたりですが、クレープを焼く日とされています。左手に金貨、右手にフライパンを持ち、焼けたクレープを空中へ放り投げ、うまくフライパンでうけとめることができたら、その年はお金に困らないというといいつたえがあります。今はすたれた感がありますけど……。

4月のお菓子

プワソン・ダアブリル　うそをついてよい日（4月1日と同じです）

4月の魚チョコレートでできた魚がケーキ屋さんの店頭を飾ります。

そして、そのあとに復活祭がやってきます。

復活祭の前後はおんどりや卵のチョコレートが出回ります。にわとりのおなかのなかに、小さな卵をいくつか入れたり、お店によってさまざまなくふうを凝らしています。

バースデーやお祝いのときのお菓子

クロカンブッシュ

キャラメルの台の上に一口サイズのシュークリームを小山のようにつみあげます。

12月のお菓子

ビュッシュ・ド・ノエル　（クリスマスケーキ）

薪形のスポンジケーキにクリームを切り株のように塗ります。幸せのシンボルとされる、きのこやつたの形を見立てて砂糖菓子を飾ります。

paris un, deux, trois....

1958年、パリのイヴ・シャンピ家で岸惠子さんと。小さな入り口のお家だったのですが、中に入るとそれはそれは素敵なインテリアのお家でした。こうしのクリーム煮をごちそうになったのを覚えています。

casse-croûte et repas de riz

軽食・ごはん料理

軽食料理

クロックムシュ

私は何かにつけ、サンドイッチを焼きます。そのほうが香ばしくなり、おいしさが増すような気がするからです。クロックムシュはその中でもワインのつまみにもなる一品。食パンの間にハムとチーズをはさみ、パンの両面をこんがりときつね色に焼いたものです。焼きたては、中のチーズがあつあつにとろけて糸をひくのでフーフーさましながらたべてください。

材料

食パン（8枚切）4枚。ロースハム2枚。とろけるチーズ　2枚。バタ適量。（2人前）

つくり方

① 食パンのミミをカットしておきます。

② 片面ずつにバタをぬって、ハムととろけるチーズをはさみます。

③ フライパン、もしくはオーブントースターでこげめがつくまでこんがりと焼いてください。フライパンの場合はバタとサラダ油を同量入れ、弱火～中火でふたをして中まで火を通します。

④ 前菜として出すときは、できあがりを4つ切りにするとちょうどよい大きさになります。

軽食料理

ハンバーガー

お皿にもったハンバーグステーキよりも、丸いパンの間にはさまっているハンバーガーが、私は好きです。2年近くもアメリカに住んでいて、アメリカの一流だといわれるレストランのお料理よりも、ハンバーガーのほうがずっとおいしいと思って暮らしたせいかもしれません。ちなみにマクドナルドの1号店がシカゴにオープンしたのは1955年。当時、私が留学していたサンフランシスコでは、ハンバーガーは現在のようにポピュラーなファストフードではありませんでした。

材料

ひき肉（牛がベスト）200g。玉ねぎ 1/2コ。バンズ（ハンバーガー用丸パン）2コ。食パン1/2枚。卵 1コ。ケチャップ 少々。バタ・サラダ油 各少々。塩・コショウ 各少々。（2人前）

casse-croûte
et repas de riz

つくり方

① ボウルに、ひき肉と、玉ねぎのみじん切り（いためておいてもよい）、卵を割りほぐしたもの、牛乳につけてブヨブヨになった食パンを入れ、全部を手またはしゃもじでざくざくと混ぜます。

② ①にケチャップ、塩、コショウで味をつけます。

③ ハンバーグ形に2つつくり、真ん中を少しへこませて、バタと油で両面をこんがりと焼きます。

④ 真ん中から2つに切った丸パンをちょっとトースターで焼き、バタ、マスタードをぬって、薄く切った玉ねぎの輪切りをのせて、ハンバーグをはさみます。

メモ

ハンバーガーのつけあわせにするポムフリット（フレンチフライ）のつくり方をお教えしましょう。まず、じゃがいもを拍子木切りにします。なるべく細長く切ったほうがしゃれて見えるでしょう。熱した油の中にじゃがいもを入れ、中火にして3〜4分、こげめがつくまで揚げ、一度油から取り出しておき、食べる直前にもう一度高温に熱した油の中に入れ、サッと揚げます。二度揚げするのがカリッとさせるコツです。からりと揚がったら塩をパラパラとふりかけて熱いうちにいただきましょう。

スパゲッティ2種

ミラノ風ソース

あさりソース

スパゲッティは、ソースがなくても粉チーズをふりかけ、大きなスプーンとフォークを使ってスパゲッティを持ち上げるように混ぜましょう。オリーブオイルとチーズをよく混ぜ合わせると、肉のつけあわせにもよく合います。ミラノ風ソースやあさりソースをかけてもおいしくいただけます。

ここでは、2人前のソースはこげつくので4人前の分量を書きました。あまったら冷凍保存して違う料理につかいまわしてください。

ミラノ風ソース

材料

合いびき肉　300g。玉ねぎ　中2コ。ホールトマト　1カン。ローリエ　1枚。バタ　卵半分。塩・コショウ　各少々。（4人前）

つくり方

① 玉ねぎをみじん切りにして、バタでよくいためておきます。

② 合いびき肉を加えてほぐすようにしながらいため、肉の色が（全体的に）白っぽくなったら、全体に色が変わったらホールトマトとローリエを入れます。

③ 混ぜてからふたをして、とろ火でぐつぐつ、とろっとなるまで30分煮ます。こげやすいのでときどき混ぜてください。塩、コショウで味をととのえたらできあがり。

あさりソース

材料

あさりのむきみ　300g。玉ねぎ　中1コ。パセリ　適量。牛乳　1カップ。あさりのゆで汁　1カップ。メリケン粉（薄力粉）小さじ1。バタ　卵1/4。塩・コショウ　各少々。（4人前）

つくり方

① あさりをよく洗ってひたひたの水でゆで、うすくきざみます。時間のないときは丸のままでも大丈夫です。ゆで汁はとっておいてください。

② 玉ねぎをみじん切りにしておきます。

③ 厚手のなべにバタを溶かし、玉ねぎをこげめのつかないようにいため、塩、コショウしてから、きざんだあさりを入れます。

④ メリケン粉を加えてよくいため、あさりのゆで汁をそそいでかきまわしていると、ドロッとしてきます。そこに牛乳を入れてふたをし、10分煮ます。

⑤ なべのあげぎわにパセリのみじん切りを入れて香りをつけます。

⑥ 水気の多いソースなので、ポタージュスープをのむ気持ちで汁をスプーンですくってたべてください。貝の香りがしてとてもおいしいです。

スパゲッティ

スパゲッティ（太さ1.6〜1.7ミリ）400g。バタ・塩　適量。（4人前）

つくり方

スパゲッティをゆでます。

① ソースを煮ている間に大きななべに入れたたっぷりの水をぐらぐら煮たたせ、塩をなげ入れ、スパゲッティを入れます。入れたらかならず、箸でほぐすようにして湯をくぐらせること。

② 箸で動かして、スパゲッティがお湯の中でよくしなうようになったら中火にし、表面がちょっと白みがかるまでゆでます。

③ 湯の中の一本を取り出してかんでみて、まだ少しシンがあるところでかまわないから、強火にしてふき上がったところへカップ2杯の水を入れ、もう一度ふいたところで火を止め、スパゲッティを取り出します。ざるでお湯をきってもよいし、ふたをしたままゆで汁をこぼしても大丈夫です。スパゲッティの種類にもよりますが、ゆでる時間は12分から15分くらいでしょう。

④ ゆでたての湯気のたったスパゲッティをちょっと深めの皿にもった上に、大さじですくったバタを3コあちこちにのせてください。

⑤ 粉チーズをたっぷりかけてそのままたべても、あたためたミラノ風ソースやあさりソースをかけてたべてもおいしくいただけます。

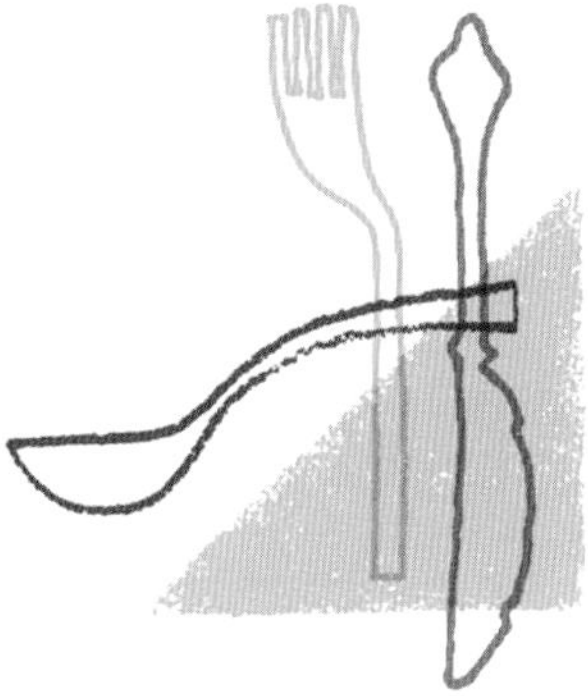

洋風炊き込みごはん

冷蔵庫の中のありあわせの野菜やハムと一緒にお米を炊き込む料理です。ハムはベーコンに、野菜はそろわなければ2種類くらいでもおいしくなるのでとても気軽につくれます。

材料

人参　1/2本。玉ねぎ　1コ。ピーマン　1コ。薄切りハム　3枚。米　3カップ。水　3カップ。固形スープ　2コ。バタ　卵半分または油。塩・コショウ　各適量。ホワイトソース　お好みで。（4人前）

つくり方

① お米は洗ってざるにあげておきます。

② 人参、玉ねぎ、ピーマン、薄切りハムを細かくきざみ、米と一緒にバタまたは油を入れたフライパンでさっと油分をなじませる程度にいため、塩、コショウで味をつけます。味はしっかりとなじませるため、濃いめにつけてください。

③ ②を炊飯器に入れ、水かげんをしてから細かく砕いた固形スープを入れて炊き込みます。

④ お好みで、ホワイトソース（26頁参照）をかけてください。

メモ

きのこ類や鶏肉など、そのときにある冷蔵庫の残りものを入れても大丈夫です。炊き込むときに、よくいためた玉ねぎを入れるとさらにおいしくなります。

ピクルスをきざんだものをかけてたべると食感や味の変化が楽しめるでしょう。

ごはん料理

西洋風おかゆ

たべ残しのごはんで作る西洋風のおかゆです。夜おそく仕事から帰ってきて、お腹が空いたときにどうぞ。ご家族に夜食として出しても、大変よろこばれる料理です。

casse-croûte
et repas de riz

材料

ごはん　2ぜん分。クリームスタイルのとうもろこしの缶づめ　200g（お好みで加減してください）。ハム　2枚。固形スープ　2コ。湯　2カップ。塩・コショウ　少々。（2人前）

つくり方

① ごはんは湯でよくほぐして水気をきっておき、ハムはみじん切りにします。

② 土なべにごはんを入れます。次にとうもろこしの缶づめと固形スープを溶かした湯を入れ火にかけます。このとき、湯を少なめにして牛乳を入れるとまろやかになります。

③ とろ火でぐつぐつ煮て、塩、コショウで味をつければできあがり。

④ たべるときにきざんだハムを上からたっぷりのせます。粉チーズをふってもいいでしょう。いただく前にバタを入れると甘みがでます。

パエリア・ヴァレンシアーナ

paella valenciana

黄色いつやつやとたきあがった貝ごはんの上に、
赤いえび、茶色に焼きあがったトリ、緑のピーマンがのると、
じつに美しいいろどりで食卓に花が咲いたようだ。

—本文より抜粋

パエリア・ヴァレンシアーナ

有名なスペイン料理です。サフラン入りの黄色いごはんで、トリや豚肉、貝、えびを入れて炊き込み、黒オリーブやピーマンなどで飾りつけた、なかなか豪華なごはんです。スペインではオリーブ油をいやというほどつかうので、私流に少し油を少なくしたパエリアにしてみました。黄色いつやつやと炊き上がった貝ごはんの上に、赤いえび、茶色に焼きあがったトリ、赤、緑のピーマンがのると、実に美しいいろどりで食卓に花が咲いたように見える大変豪華な料理です。お客さまに出すときはパセリのみじん切りをふりかけてください。パーティなど大勢でいただくときに。

材料

トリもも肉　2枚。殻つきの大正えび　1人あたり1尾。すずき（切り身）2枚。殻つきのあさり　200g。玉ねぎ　1コ。赤ピーマン　1／2コ。緑ピーマン　1コ。黒オリーブ　適量。にんにく　1かけ。米　3カップ。あさりの煮汁の残りと水　3カップ。サフラン　2g（1カップの湯につけておく）。オリーブ油・塩・コショウ　各適量。
（4人前）

つくり方

① 米は洗ってざるにあげておきます。

② 玉ねぎは大ぶりのみじん切り、にんにくは細かく切っておきます。

③ あさりは塩水でよく洗って水をきり、別なべで殻が開くまで煮ます。煮汁はだしにつかうのですてないでください。

④ 深なべに油を入れ、熱したところに、玉ねぎ、にんにくを入れてこげめがつかないようにしながらいため、塩、コショウをしてから米を入れてよく混ぜ合わせたあと、サフランをひたして黄色くなった湯を入れます。

⑤ ④を炊飯器に移し、あさりの煮汁を加えて3カップにした水を入れ、炊飯スイッチを押します。

⑥ ごはんが炊き上がったら、ゆでたあさりを埋め込み、15分ほど蒸らします。

⑦ ごはんをもり、その上に油で焼いたトリももや大正えびやすずき、たてに半分に切って種をぬいて薄切りにした赤と緑のピーマンと、黒オリーブを飾りましょう。出す直前にオリーブ油をたっぷりとまわしかけるとより本格的です。

スペイン料理には、ワインに果物などを加えたカクテル、サングリアが合います。暑い日のアペリティフ（食前酒）としていただきます。赤ワインにオレンジやりんごを浮かせるとよいでしょう。

メモ1

大皿にもるときに塩、コショウで味をととのえるようにしてください。もるときはごはんの中に空気を含ませるようにふっくらと。

メモ2

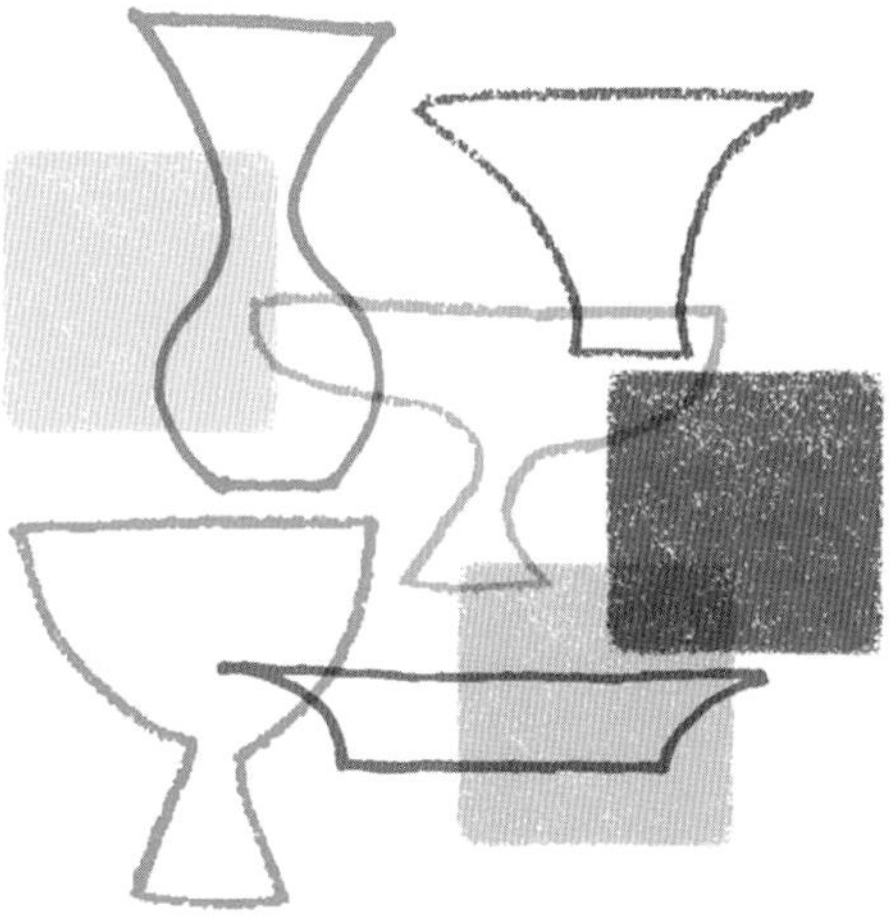

オムレツこぼれ話

　昔から友人を家に招いて食事会を開くことが好きな私。パリに住んでいたころも例外ではなく、近所の友人たちや日本からのお客さまを迎え、少ない材料ながらあれこれ試行錯誤して日本料理をつくっていました。

　今日までに幾度のおもてなしパーティーを繰り返していますが、いつも気をつけていることがあります。それはお客さまに、前回いらしたときと同じメニューをお出ししないこと。誰にどのメニューを出したかはすべてメモにとってありますので重複することはありません。ときとしては、アンコールの声がかかって同じものをつくるときもあります。

　あとは、お客さまの好みを考えてメニューを決めることも重要です。はじめていらっしゃるかたの場合は、好みがわからないので魚介やお肉、野菜など、かたよりのないようにバランスよく材料をそろえます。コンサートの打ち上げなど、30～40人が集まると、それはもう大変。かんたんに手早くつくることができ、お客さまが手にとってたべやすいもの、それが基本です。さすがにコンサートのあとは、すべてのお料理に手をかけるのはむつかしいので、あらかじめ材料を切っておいたり、ふだん気に入ってたべているものを配達してもらったりしています（ちらしずし、カレー、ピザ、ローストチキンなど）。疲れたスタッフたちのために温かくてボリュームのある大判オムレツとビーフシチューだけは、必ず前日から仕込んで自分でつくります。

　何がなんでもすべて手をかけて……となると、おもてなしをするのにも心の準備が必要になってしまいます。自分なりのおもてなしスタイルは、何度かお客さまを招いているうちにできあがってくるものなのではないでしょうか。

ある日のおもてなしメニュー

●仔羊の好きな友人がくるときのメニュー

【サロンで　白ワインとともに】
カナッペ（生ハム、ゆで卵のマヨネーズあえをのせます）
生野菜細切り（セロリ、エシャロット、きゅうり、人参）塩を添えて

【テーブルで　赤ワインをお出しします】
それぞれのテーブルにサーブします。
アボカド1／2コに芝えびときゅうりのマヨネーズあえをのせたもの
冷たいヴィシソワーズ
仔羊　骨付き半身（胸肉）ロースト
ポテト油いため、いんげんを添えて
ごはんとおつけものを最後に出します。
デザート　自家製ココナッツミルク

●はじめて、または、たまにくる方のメニュー

【サロンで　ビール、ワイン、シャンペン、焼酎を用意】
ピーマンのムース
カナッペ（キャビア、トマトをのせて）
小さいミートパイ
生野菜

【テーブルで　飲みものはお好みのものを】
ハムのゼリー寄せ（ピーマンのイニシャル飾り）
※ゼリー寄せの上に、ゲストのイニシャルを薄く切った生のピーマンで飾ります。
カニのクレープグラタン
パエリア・ヴァレンシアーナ、またはポトフなど
デザート　煮りんごのキャラメル添え

●コンサートの打ち上げや忘年会など、大ぜいが集まるときのメニュー

【サロンで　ビール、ワイン、シャンペン、焼酎を用意】
ハム、ベーコン、ソーセージ、牛タンなど（ピクルス、オリーブ添え）
小型のコロッケ（ハム、ゆで卵入り）
スティック生野菜（赤かぶ、セロリ、エシャロット、きゅうり）

【テーブルで　飲みものはお好みのものを】
テーブルにいろいろ並べるブッフェスタイルにします。
サラダ3種（トマト、きゅうり、ポテト）
サラダニースワーズ
シーザーズサラダ
マカロニサラダ
とりのしょう油煮と煮卵　中華風（ほぐしてレタスで巻いてたべます）
シューマイ
ねぎチヂミ
ゴーヤ卵とじ
スペアリブ　ロースト
チキンカレー、なすのカレー（きりん屋）
ちらしずし、太巻き（梅好）
カツサンド（まい泉）
オムレツ　私がおつくりします。
トマトソースを添えて
自家製ビーフシチュー
デザート　フルーツポンチ、またはフルーツ入り杏仁豆腐など
冷たいもの

きりん屋 TEL:03-3479-4665　梅好 TEL:03-3403-5876　まい泉 青山本店 TEL:03-3470-0071

STEREO PHONIC
SKF 17
yoshiko ishii
et ses
Chansons
3e
série

King
stereo
SKK 106
SUR LE PONT D'AVIGNON
フランス
子どもの歌
石井好子

STEREO PHONIC
SKG 5
わたしの心はヴィオロン
《石井好子シャンソン・アルバム — Vol.3》
MON COEUR EST UN VIOLON

日本の歌
au
JAPON
YOSHIKO
accompagnée au Koto par
SHINUCHI YUIZÉ
du théâtre KABUKI
KAZOE UTA - Chant du Nouvel An
KOMORI UTA - Berceuse
HAROUNO-KYOKOU - Chant du Printemps
SAKOURA - Fleur de Cerisier
NEKO UTA - Chanson du Chat
GENJI-MONOGATARI
Fantaisie Classique
NARA YAMA
Complainte d'amour
RCA
F 130 032

DENON
すべて
歌にこめて
40 Yoshiko Ishii

King stereo
パリは歌う
PARIS
EMIL STERN piano QUARTET
YOSHIKO ISHII vocal

ウィズ・ストリングス

LKF 1096
un Souvenir
YOSHIKO ISHII

わが歌ひとくぎり 石井好子リサイタル ライヴ

KING
MARJOLAINE
マルジョレーヌ
La fontaine endormie
眠れる泉
石井好子
EA-75

STEREO PHONIC
SKF 71
Yoshiko Ishii
Chanson
Récital
4e série

STEREO PHONIC
SKF 108
詩と朗読とシャンソンと…
石井好子
フランソワーズ・モレシャン
パメラ・ハミルトン
YOSHIKO ISHII
FRANÇOISE MORECHAND
PAMELA HAMILTON
Poèmes, Récitations, et Chansons

King stereo
詩と朗読とシャンソンと
POÈMES, RÉCITATIONS ET CHANSONS
第2集
石井好子(歌)

あとがき

1951年の暮れ、私は留学先のサンフランシスコから汽車に乗りニューヨークから船でフランスの北の港ルアーブルに着き、更に汽車に乗ってパリ・サンラザール駅に着きました。

本場のシャンソンを「聞くのだ」「シャンソンを学ぶのだ」とはりきってパリに着いたもののフランス語は話せず、右も左も分からないパリでしょんぼりしていたところに砂原美智子さんから電話をいただきました。

美智子さんは第六高女（現三田高校）の同窓生でのち音楽学校（芸大）声楽専科もまた一緒。パリに来たらすでにパリに滞在されていました。オペラコミックの主役『マダムバタフライ』目指して修業中だったのです。

「私の下宿しているところに一室部屋が空いたから引っ越ししてこない」というお誘いに応じて私はサンサーンス通りの住人となりました。

3DKの小さいマンションの女主人マダム・カメンスキーは亡命白系ロシア人。亡くなったヴァイオリニストの夫は天才と称された諏訪根自子さんの先生でした。

暮しの手帖社、元社長の大橋鎮子さんも同じ第六高女の出身、2年先輩です。長いこと歌っていたパリから帰国したとき「料理の随筆を書いてごらんなさい」とすすめられました。

私はそのころ若かったし、食欲も旺盛でおいしいものがあると聞けばその店を即、訪ねる程たべものに熱心でしたから、とても嬉しく楽しく原稿を書きました。

どこの家にでもあるもの、誰もがたべたことのある食材としてマダム・カメンスキーが小さい台所で焼いてくれたほかほかのオムレツをはじめ卵料理について書きました。

その文章はとても「おいしそうだ」とほめられ連載することになりました。連載はうれしかったのですが私は戦争の頃青春を過ごし、食うや食わずで戦後を過ごした人間なのでまともなお料理を作ったこともなく料理を習ったことがないのです。

ただ、フランスで長いこと歌っていたので、フランス人の食いしん坊の中で暮らしたからおいしいものだけは知っていたのでした。

フランスの歌手や踊り子は皆料理上手でした。

「あなた何も知らないのね」といわれながらおいしい料理を次々とつくってくれました。

私はびっくりしてまるで手品でも見ているような感動を受け、私もつくってみたいと思ったものです。

『暮しの手帖』に連載が決まったとき私はパリ・コルドンブルーの教室に入る決心をしました。１９６０年のころでした。

そのころ、コルドンブルーはフォーブルサントノーレにあり、生徒は12〜13人。その中に江上栄子さんが修業されていました。

シェフは著名レストランのシェフだった人で、それはこわいきびしい人で料理に慣れない私は叱られてばかり。栄子さんにずい分かばっていただきました。

午前中はオルドーブル、アントレ、デザートの三組に分かれ、つくったものは2階の小部屋でたべさせてくれました。

白いナプキンがひかれその上に白と赤にワインものっていて、ギャルソンが正式にサーヴィスしてさすがフランスと思いました。

私たちは自分たちのつくった料理をお互いにほめあったり批評しながらたべましたが、また食後は3時間に及ぶシェフのデモンストレーションを見ておぼえなくてはならず1日おわるとひどく疲れ「私は決して料理人になりたくない」と思ったものです。

『巴里の空の下オムレツのにおいは流れる』が出版されたのは１９６３年。またたく間に売り切れベストセラーになり日本エッセイストクラブ賞をいただきました。

食いしん坊の女が思いつくままに書いた著書にすぎないと思っていましたからびっくりして夢のようでした。

それから40数年たった今再び読みかえしてみますと、あまりにも時代の相違が目についてこのようなレシピ版を出してよいのかしら、という忸怩《じくじ》たる思いがあります。

私が『巴里の空の下オムレツのにおいは流れる』を書いたころは一般的に食生活はずっと質素でしたし、グルメ・グルマンの名乗りを上げる方もごく少なかったのに、今は新聞・雑誌・テレビのおかげでそれこそ一億総グルメのようになっています。

その方々がこの本をどんな思いで読まれるか心配です。

ただ、食糧事情がよくなりテイクアウトサービスも行き届きすぎる程となった今日このごろ、料理をされる人も少なくなったとも聞いております。

私のしごく簡単な手抜き料理に目をとめて下さり、短時間に料理をつくる楽しみを知って下さる方がふえたらとても幸せだと思っています。

最後に『巴里の空の下オムレツのにおいは流れる』のファンである扶桑社の小西佐知子さん、その企画を認めて下さった鈴木伸子さん、熱心に編集して下さった朝比奈千鶴さんに心から御礼申し上げます。

石井好子

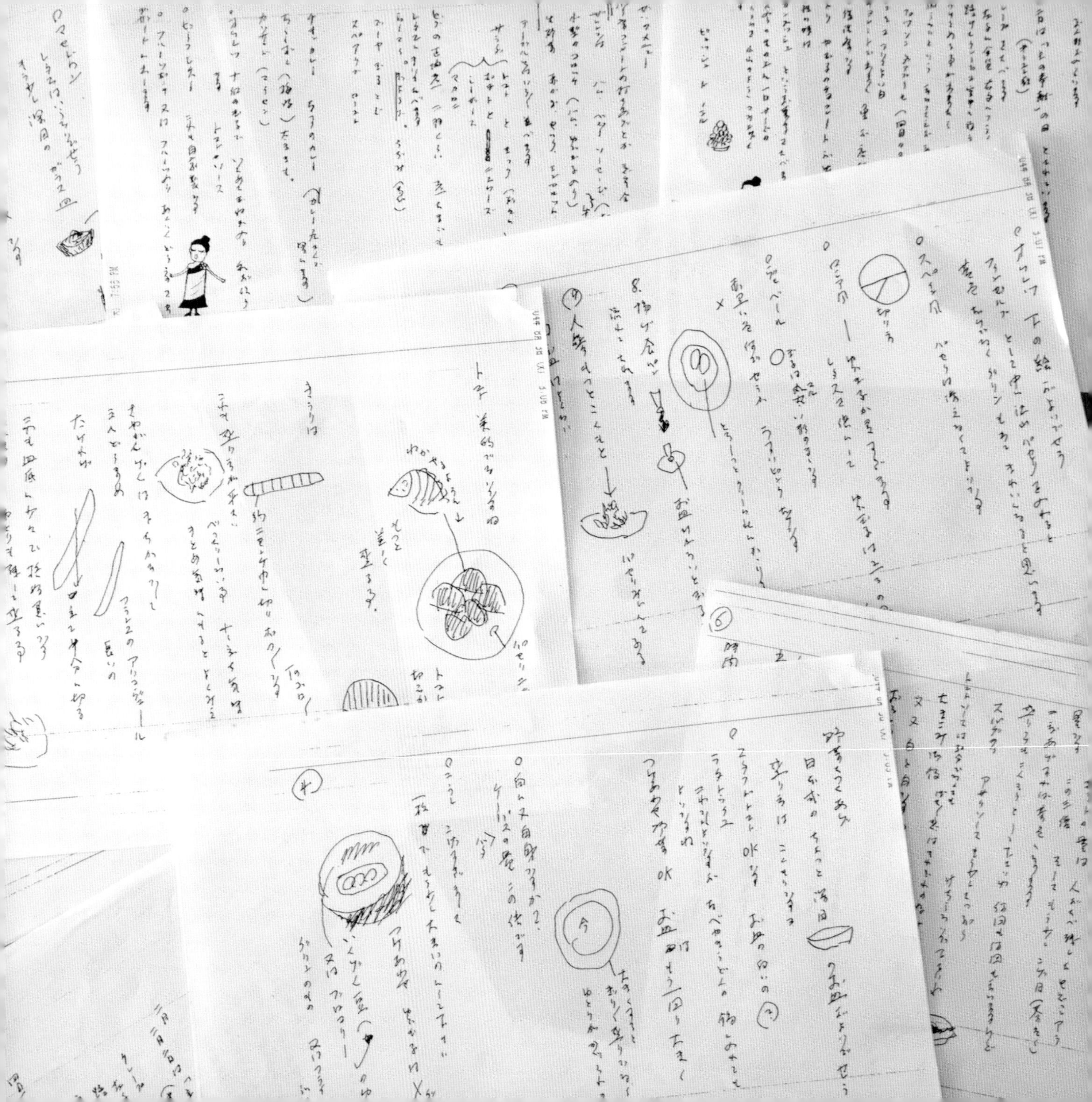

編集後記

今ふたたび、よみがえる オムレツのにおい

２００４年10月に扶桑社から発売された本書は、１９６３年３月より絶えることなく読まれ続けている石井好子さんのエッセイ『巴里の空の下オムレツのにおいは流れる』（暮しの手帖社・河出文庫）に登場する料理の数々をレシピ化したものである。既に絶版となって久しいが、16年の時を経て、河出書房新社から新たに刊行されることになった。レシピ版がよみがえった背景には、10年前に亡くなられた石井好子さんの書籍を後世につなぐべく手がけられている編集者の渡辺真実子さんの尽力がある。当時のレシピ版編集者として、思い入れのある一冊に再び携われることをありがたく思うと同時に、石井先生のこの本に対する向き合い方を知るものとしてなるだけ正確に、当時のことをここに記しておかなければと筆をとった。幸いにも手帳とメモ、先生からのFAXなどを残していたのでそれらを参考にしながら製作裏話として書き留めておく。

２００４年５月27日、高輪にあった先生の自宅に当時扶桑社の書籍編集者であった山野佐知子さんと伺い、エッセイにある料理を集めてレシピ本にしたいとお願いに上がった。

「あれは花森（安治）先生に乗せられて書いたもので、そんな大したものじゃないのよ。もう古いものよ」と謙遜される一方で、こちらの話に熱心に耳を傾けてくださり、「今になって若い人たちにそう言っていただけるのであれば、いいわよ」と了承いただいた。また、装丁に関して、「花森先生の世界は気にせずに自由にどうぞ」

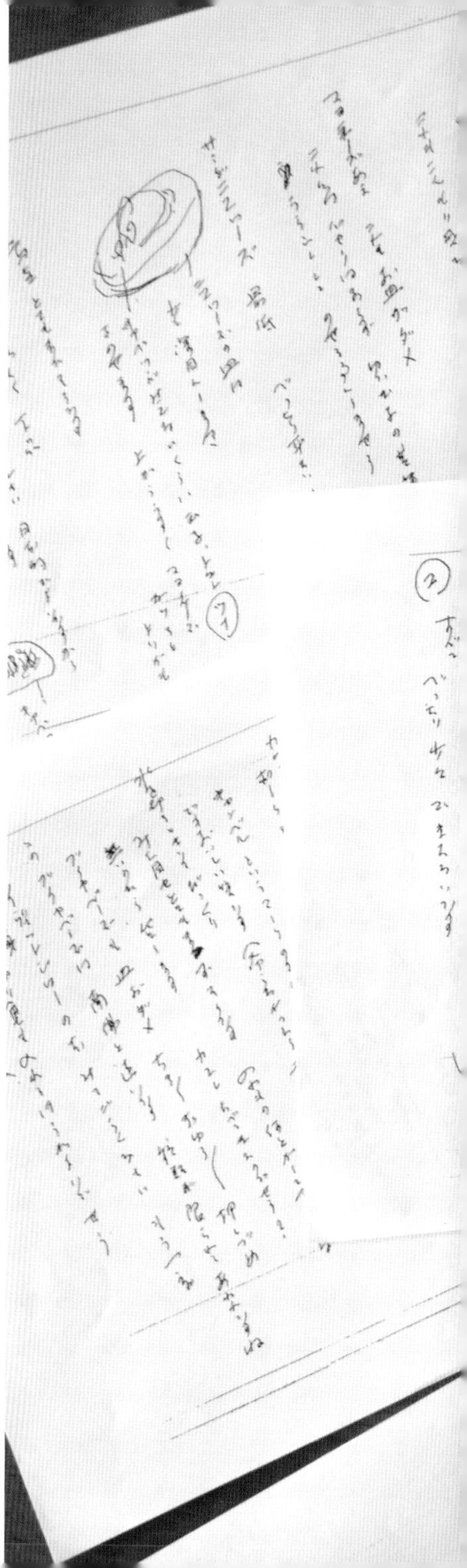

とつけくわえられた。先生の著書としてつくりたいとお願いすると、7月に「パリ祭」を控えていることや若い感性で新しいものを生み出してほしいという希望により、監修で関わっていただくことに落ち着いたのだった。

レシピ版の製作にあたり、まずは掲載するレシピをエッセイに登場する87の料理の中から30ほどに絞る必要があった。世代をまたぎ、愛される料理ばかりの中からのセレクトは困難を極めたが、つくりやすいもの、手に入りやすい材料のもの、新しい世界を見せてくれるもの、と基準を決め、あとは素材や調理法などのバランスで候補を選んだ。エッセイの世界を壊さないように心がけると同時に、料理本としての目線は低く、料理初心者でもつくれるものにするということを目標にした。

掲載リストをお渡ししに伺った際に選んだ理由をお伝えすると、先生は料理の背景を一つひとつ紐解きながら「この本を書いたときは私も若かったし、ものを知らなかったのよ、恥ずかしいわ」と反省の言葉を仰られ、以降も幾度となくこの言葉を口にされた。これほど大勢の読者の心に響く大ベストセラーを残されながらも控えめに言われることに驚いたが、同時にエッセイには書かれていないエピソードや後日談もいくつか話され、それらは逃さぬよう書き留めていった。本書の中にある〝オムレツこぼれ話〟や〝メモ〟はそれの一部にあたる。

数行の文章で魅力的に語られた料理をレシピ本にするということは、エッセイファンの想像の世界を侵害することにもなるので、そこは先生の経験に忠実につくろうと事前インタビューと確認は怠らなかった。とはいえ、全方向に思いをめぐらせても抜けはあるもので、ある日、調理を担当するシェフの五十嵐圭さんが試作した料理画像を先生に見せたところ「私のものとは全く違う」と指摘された。当時の携帯の画質は荒く、写真が暗かったのもあったのだろう。先生の不安を煽ってしまったらしく、翌日にイラスト付きの料理の説明がFAXで送られてきた。きっと、このままではまずいと私の帰宅後に急いで書かれたのだろう。緊急事態と察し、すぐに撮影スタッフ全員で先生のお宅に伺い、料理教室を開催していただいた。16年前の記憶だが、台所で先生が包丁を握り、「ほら、こうやってぽくぽくのきゅうりに切るの」ときゅうりの皮をスジ状にむき、厚めに切って見せてくださったのは今でも鮮明に覚えている。おのおのが口に入れ「本当だ、ぽくぽくしている」などと無邪気にはしゃいでいるスタッフの隣で、先生は目を細めて笑っていらした。実はこのときはパリ祭の準備で多忙を極めていたはずなのに時間を割いてくださったのは、私たちがまだものの分別もつかないひよっこの若者たちだということをわかっていらしたからだった。今ならば先生のお宅に足を踏み入れることさえも恥ずかしいと思う分別はあるのだが、若さゆえに勢いでそれができたことが本書にはプラスに作用したようだ。その後、レシピの数値化を依頼した料理研究家の須永久美さんに候補にあるすべての料理の試作を写真に撮ってもらい、ビジュアルに関してお墨付きをいただくことができた。同時に、先生も試作をしてくださり、必要なところは修正の指示が入った。どちらかといえば、味よりも料理の切りかたや盛り付けかた、材料への火の入れかたなどへのアドバイスが多く、食感や視覚に影響するものに対して強くこだわりを示されていた。

撮影に使用する器や道具は、できれば先生がふだん使われているものをと思い、食器棚を見せてもらったのだが、ロイヤルコペンハーゲン、ウェッジウッドなどの洋食器のほか、作家ものの陶器の和食器などどれも高価なものだったので持ち出すのに躊躇し、結局は年季の入った銀のカトラリーとブルーダニューブのお皿を数枚抱えて持ち帰った。たくさん出していただいたわりにはわずかな数だったので、先生は残念そうな顔をされたのだが、本書が目指していた昭和30年代の食卓にあがる洋食に使うにはドレッシーなものだったので、食器はカメラマンの柳田隆司さんとスタイリストの杉村順子さんが蚤の市や古道具屋を歩き回って探してきてくれたどこか懐かしいアンティーク調のものを合わせた。オムレツのプロセスカットのフライパンはぜひ先生のもので、と思ったが、実際に使用されていた料理研究家の平野レミさんからいただいたという〝レミパン〟は撮影に使うには大きすぎたので、五十嵐シェフ愛用の鉄製ものをピカピカに磨いてもらって撮影にのぞんだ。使いたい材料をすべて先生に見せて了承を得、準備は万端、と思っていたはずだった。が、撮影後に事件は起きた。

料理撮影がすべて終了したところで、先生が掲載に難色を示される料理が一品出てきたのだ。最後に紹介している「パエリア・ヴァレンシアーナ」がそれである。デザイナーの藤牧朝子さんが既にページをすべてレイアウトしていたので削るわけにもいかず、また自分もこの料理は締めの一品として絶対に入れたいと思って構成をしていたので「この写真を使うなら掲載したくない」という先生の一言は大きな打撃だった。再撮影するにはスタッフ全員のスケジュール調整や費用の面を考慮すると難しい。先生にどこがダメなのかと問うと、「具材に照りが足りない」とのことで、そこに始まり、盛り付けかたも異なると指摘された。油の少ないレシピということだったのでマットな仕上がりにし、盛り付けかたも確認したつもりだった。でも、ご本人の納得がいかないのであればなんとかするしかない。そうはいっても、それぞれの料理が供されるであろうシチュエーションや時間を意識して撮影を進めていたため、私を含めてスタッフ全員が今になってどうしてそんなことを？　という疑問でいっぱいになった。

その時点では先生へのインタビューがまだ残っていたので、なんとか写真の使用を許していただこうとしたが、そんな姑息な考えはすぐに見抜かれてしまった。そのうち、こちらが困っているのを察した先生のほうから「うちで撮影しなさい」と提案をいただき、それが本書のラストカットとなったのだった。

最後の料理を先生が手がけたことがかえってこの本の価値を高めたことに気づいたのは発売してからで、それまではなぜ先生が〝照り〟にこだわったのか、わからなかった。冷静な目で見れば、エッセイの著者ご本人の実際につくった料理が掲載されているのは原作ファンにとってこの上ない幸せなことであるはずだ。もしかしたら、先生はそれを見越していたのかもしれない。いつも先の先まで考えて返答をくださっていた先生のこと、きっと本書の行く末を想像し、あえて校了前にもかかわらず再撮影を提案されたような気がしている。

その後、しばらく経ち、コンサートを観に行って先生にお会いする機会があった。第一声は「暮しの手帖社の大橋（鎮子）さんにいい本になったじゃないと言われたわよ」。編集者が誰に何を言われると嬉しいかを考えてのお言葉のように思うが、決してお世辞をいうかたではなかったので素直に受け取り、喜びを噛みしめた。発売後、ご褒美としてなのか、本物のカスレを食べさせると言って南青山のレストランに撮影スタッフ全員を招待してくださったのだが、私は出張で参加できなかった。今でもそれだけが心残りでしょうがない。

とはいえ、先生のお宅に三ヶ月で12回も通い、何度か食事をご馳走になったのはかけがえのない思い出で、用意してくださったカレーやサンドイッチをいただきながら料理の話のほか、戦後から高度成長時代にかけての華やかな交流の話を伺った。先生のほうはエッセイ発売から41年経って、まさか当時産声もあげていなかった人たちからこのような提案をされるとは思っていなかったようで、「あなたはこの本のどのあたりを気にいっているの」「なぜこんな古いものを、今更どうしようというの」とよく質問をされた。こちらは、熱意のままにお答えしたのだが、緊張していて何をどう話したのかは覚えていない。大きな食卓の向かい側で、先生はゆっくりとうなずき、ときには鋭い質問をこちらに投げかけながら、短い間のやりとりの中でぐんと近くまで降りてきてくださったことには今でも頭が下がる思いしかない。仕事の進行がとてもスムーズだったのは、先生がシャンソン歌手でありながらビジネスウーマンとして活躍していた背景もある。女性が職業人として生きていくことが難しい時代に世界を股にかけて独自の世界を切り拓いていったパイオニアであった先生は、インタビュアーであり書き手でもあった。それゆえ本をつくるにあたり自分の役割を見定め、舵取り役のこちらの意図の遥か遠くを見越して対応を先回りしてくださっていたように思う。

「だれもが好きな味、ずっとかわらない味」というキャッチコピーを当時レシピ版初版の帯に入れたが、本書に登場する料理は、エッセイとともに長く愛されてきた懐かしい洋食ばかりである。料理は、人によって味の感じ方が違うので数値は厳密でなくてもよいというのが先生の考え方だった。興味をもってくれた人につくってもらう基本になればそれでよいともおっしゃっていた。本書を参考に、気軽に、自由な気持ちで料理をつくっていただけたら幸いである。

おりしも、昨年からの新型コロナウイルスの影響で在宅時間が増えたタイミングで本書の発売となった。河出書房新社の渡辺さんにはコロナが蔓延する直前にお声がけいただいていたが、その後突然、海外渡航など夢のような話になり、本や映画、ネット動画などで旅をする気持ちになるしかない1年を迎えてしまった。そのような中で本書が発売されるということは、石井好子さんのエッセイとレシピを通して、なかなか行けなくなってしまった異国の空の下へと思いを馳せる、心のよすがになるのではないかと思っている。

2020年冬　朝比奈千鶴

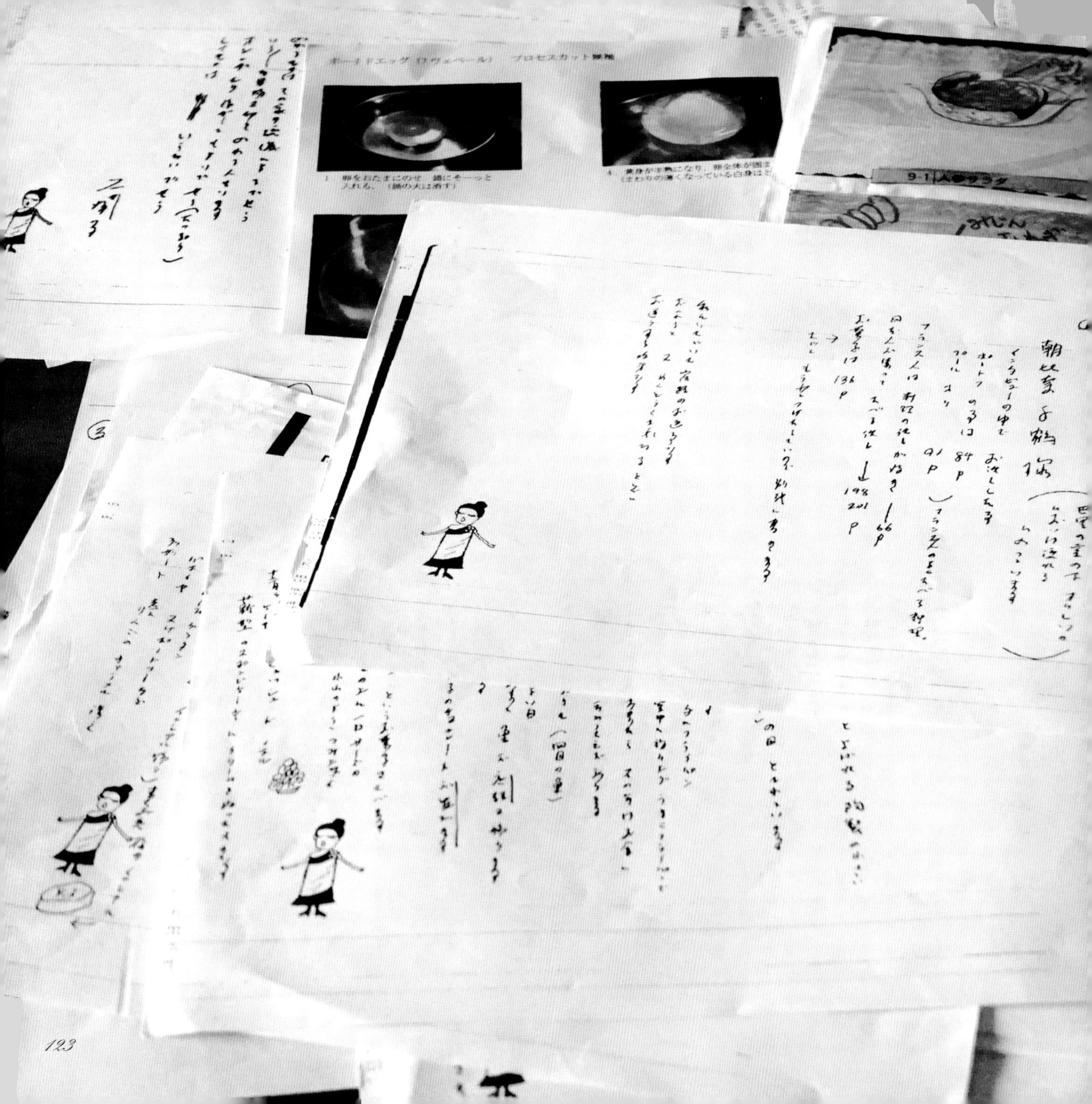
1　卵をおたまにのせ　鍋にそーっと
入れる。（鍋の火は消す）

石井好子（いしい・よしこ）

1922年東京生まれ。東京藝術大学声楽科卒、戦後ジャズ歌手に。50年、留学のため渡米、のちフランスに渡り、パリでシャンソン歌手としてデビュー。世界各国の舞台に出演し、帰国後、歌手として、音楽事務所社長として、そしてエッセイストとして活躍した。著書に日本エッセイスト・クラブ賞を受賞した『巴里の空の下オムレツのにおいは流れる』、『東京の空の下オムレツのにおいは流れる』『バタをひとさじ、玉子を3コ』『私の小さなたからもの』（すべて河出文庫）などのほか、各国の家庭料理を取材した『石井好子のヨーロッパ家庭料理』（小社刊）などがある。2010年、逝去。

監修　石井好子

撮影　柳田隆司
　　　藤牧徹也（p8、p90）
アートディレクション　藤牧朝子
イラスト　イナキヨシコ
調理　五十嵐圭（pause pane）
スタイリング　杉村順子
企画編集・聞き書き　朝比奈千鶴
レシピ原稿　須永久美
フランス語協力　板倉克子

本書は2004年10月、扶桑社より刊行された『巴里の空の下オムレツのにおいは流れる　レシピ版』を復刊したものです。

復刊に際し、巻末に編集後記を新たに加えました。

巴里《パリ》の空《そら》の下《した》オムレツのにおいは流《なが》れる　レシピ版《ばん》

2021年1月20日　初版印刷

2021年1月30日　初版発行

監　修　　石井好子

発行者　　小野寺優

発行所　　株式会社河出書房新社

〒151-0051

東京都渋谷区千駄ヶ谷2-32-2

電話　03-3404-1201（営業）

03-3404-8611（編集）

http://www.kawade.co.jp/

印　刷　　図書印刷株式会社

製　本　　図書印刷株式会社

Printed in Japan

ISBN978-4-309-28863-5

単行本

『石井好子のヨーロッパ家庭料理』

ヨーロッパ各地の家々を訪ね、レストランでは味わえない家庭の味、食卓の風景を取材した料理指南書にして第一級の食紀行、復刻新装版！　堀井和子、平松洋子の解説エッセイを収録。

河出文庫

『巴里の空の下オムレツのにおいは流れる』

下宿先のマダムが作ったバタたっぷりのオムレツ、レヴュの仕事仲間と夜食に食べた熱々のグラティネ――思い出深い料理を歌うように綴った名著。

『東京の空の下オムレツのにおいは流れる』

『巴里の空の下～』姉妹篇。大切な家族や友人との食卓、旅や映画、文学まで。

『女ひとりの巴里ぐらし』

キャバレー文化華やかな 1950 年代のパリ、モンマルトルで主役をはった一年を描いた、著者の自伝的エッセイ。芸人たちの悲喜交々、下町風情の残る街での暮らしぶり。

『いつも異国の空の下』

フランスをはじめ欧州各地、ショービジネスの本場アメリカ、そして革命前の狂騒のキューバまで――歌手として世界を三周した移動と闘いの記録。

『バタをひとさじ、玉子を３コ』

よく食べよう、よく生きよう。1950 年代のパリで培われたエレガンスとエスプリ溢れる、食いしん坊必読の料理エッセイ。書籍に未収録だった発掘原稿を精選。

『私の小さなたからもの』

食べること、装うこと、暮すことから、ものの見かた考えかたまで。“たからもの”はそこに。

『人生はこよなく美しく』

各家庭や人を訪ね、聞きだした料理やおしゃれ、人生をより豊かにするためのエッセンス。

『いつも夢をみていた』

華やかな家柄と仕事、豊富な海外経験とあたたかな料理エッセイ――その恵まれたイメージの背後に迫る、聞き書きの貴重な自叙伝。

ムック

『文藝別冊　石井好子　　シャンソンとオムレツとエッセイと』

シャンソン歌手として、また無二のエッセイストとして知られる石井好子の全貌を、高橋みどり、高山なおみ、朝吹登水子ら豪華執筆陣の寄稿、対談等で探る。